Controle Sus Emociones

ÚTILES RESPUESTAS QUE CAMBIARÁN SU VIDA

H. Norman Wright

Publicado por
Editorial Unilit
Miami, Fl. 33172
Derechos reservados

© 2000 Editorial Unilit (Spanish translation)
Primera edición 2000

© 1998 por Harvest House Publishers
Originalmente publicado en inglés con el título: *Winning Over Your Emotions* por
Harvest House Publishers
Eugene, Oregon 97402
Todos los derechos reservados.

Traducido al español por: Federico Henze

Las citas bíblicas se tomaron de La Biblia de Las Américas
© 1986 por The Lockman Foundation.
Usada con permiso.

Producto 492304
ISBN 0-7899-0581-7
Impreso en Estados Unidos de América
Printed in The United States of America

Contenido

Ansiedad

Ira

Depresión

Preocupación

Estrés

Paz

Satisfacción

Autocontrol

Paciencia

Gozo

La respuesta a la preocupación

1

¿Qué es la preocupación?

*Nosotros somos, quizás, entre las criaturas de la tierra,
el único ser que se preocupa. Nos preocupamos
toda nuestra vida, temiendo el futuro, descontentos
con el presente, incapaces de aceptar la idea de
la muerte, incapaces de permanecer tranquilos.*

Lewis Thomas

L a preocupación no conoce ni tiene límites. El pobre se preocupa por conseguir el dinero y el rico por conservarlo. No importa la edad que usted tenga, la preocupación puede llegar a ser su constante compañera, si se lo permite.

Probablemente estuvo alguna vez en la niebla. Es una humedad que enfría el aire y le quita los rizos a su cabello. Sin embargo, ¿sabe usted cuánta agua hay realmente en ella? Si hubiese una densa niebla cubriendo siete manzanas de la ciudad, a una profundidad de treinta metros, ¡el verdadero contenido de agua podría ser menos de un vaso! Así es; cuando está condensada, toda esa neblina que produce que el tráfico se mueva a paso de tortuga y le impide ver el edificio de enfrente, puede caber dentro de un vaso. El autor de *Helping Worriers destaca:*

> La preocupación es semejante a eso. Oculta la realidad. Nos hiela hasta los huesos. Bloquea la calidez y la luz de los rayos del sol. Si pudiéramos ver a través de la niebla de nuestra preocupación y hacia el futuro, contemplaríamos nuestros problemas en su verdadera dimensión.[1]

Defina el problema

¿Cómo definiría usted la preocupación? ¿Qué es lo que la distingue de la ansiedad o el temor? Cuando usted experimenta ansiedad, su cuerpo está respondiendo. Casi siempre hay una contracción muscular y su corazón palpita fuertemente. La preocupación se define como la parte *pensante* de la ansiedad; una serie de pensamientos e imágenes llenos de emoción, pero todos negativos. Estos casi nunca son controlables; pero se enfocan en algo que tiene un oscuro desenlace. El preocupado está convencido, más allá de la sombra de la duda, de que el resultado será negativo.

La palabra preocupación viene de una raíz anglosajona que significa *estrangular o ahogar*. Es el sentimiento complicado y sofocante que experimentamos frecuentemente en momentos de temor, aflicción o problemas. Cuando nos preocupamos, miramos con pesimismo hacia el futuro e imaginamos las peores consecuencias que pueden provenir de las situaciones de nuestras vidas.

Recuerde que la preocupación se enfoca básicamente en el futuro. Es la irritación y el hervor innecesarios que mantienen conmocionadas nuestras mentes y revueltos nuestros estómagos. El Dr. W. C. Álvarez, de la Clínica Mayo, dice: "Ochenta por ciento de los desórdenes estomacales que se nos presentan no son orgánicos sino funcionales.... La mayoría de nuestras enfermedades son causadas por la preocupación y el temor".[2] La preocupación intensa es un fósforo encendido dentro de una fábrica de dinamita.

Criamos espléndidos perros de caza. No les permitimos que mastiquen huesos porque no les hace bien. Pero ¿alguna vez ha visto usted a un perro con un hueso? Hay una frase acerca de la forma en que un perro se vuelve adicto a un hueso: Se interesa en él. Simplemente lo roe y roe día y noche. No lo dejará y puede que le gruña si trata de quitárselo. Él busca carne pero generalmente encuentra cartílago, hueso y médula. El perro entierra su hueso, luego lo desentierra y vuelve a roer aunque esté cubierto de tierra y hojas. Lo enterrará y repetirá el proceso una y otra vez. Los que se preocupan hacen lo mismo: muerden y mastican su preocupación, la entierran, desentierran y así sucesivamente.

La guerra en nuestro interior

La preocupación es como una guerra que brama solapadamente dentro de nosotros. John Haggai describe el conflicto de esta manera:

> La preocupación divide los sentimientos; por lo tanto las emociones carecen de estabilidad..Divide la comprensión; por ello las convicciones son superficiales y variables. Divide la facultad de la percepción; haciendo que las observaciones fallen y hasta puedan ser falsas. La preocupación fracciona la capacidad de juzgar; por lo tanto, actitudes y decisiones son con frecuencia, injustas, conduciendo a daños y pesares. Deteriora también la facultad de determinar; por eso, los planes y propósitos que se adoptan, si no se desechan de entrada, no son cumplimentados con la necesaria persistencia.[3]

La preocupación es pensamiento transformado en ideas venenosas. La misma ha sido descrita como un pequeño fluido de temor que vaga sin rumbo determinado a través de la mente, hasta cavar un canal por el cual todos los demás pensamientos se escurren.

Con la preocupación hay un temor anticipado de algo flotando en el horizonte. Cuando uno se preocupa, lo hace por algo personal y frecuentemente, permanece en esta posición. Esta tendencia nos mantiene tensos e irritables. De esta forma, uno no está completamente relajado.

De hecho, los que se preocupan no tratan la tensión o el enojo como los demás. Están demasiado afectados por ellos. La preocupación es llamada el sistema de combustible de la tensión. Al preocuparse, añade a su malestar imágenes de casos negativos extremos, sin ser capaz de saber con certeza cuál podría ocurrir.

El que se preocupa tiene un llamado en la vida: quiere examinar lo que podría fallar. Es como el conductor que en una autopista se encuentra con un espantoso accidente. Es horrible, pero él tiene que observarlo. ¿Por qué? Por el temor y la curiosidad. La persona preocupada es alguien que mete su mano en un hueco o una caja y examina su interior para verificar si no existe algo que pudiese morderlo. Es como un vicio, no puede dejarlo.

La preocupación es como un imán que atrae al que se preocupa. Quizás todos estemos interesados en lo que pudiera fallar en nuestras vidas. Nos fascinan las posibilidades. Y cuando una posibilidad es descubierta, la encerramos en todos nuestros "y si..."[4]

La preocupación es un tipo especial de temor. Para crearla, prolongamos el temor con dos cosas, anticipación y recuerdos. La absorbemos con nuestra imaginación y la alimentamos con emociones. Entonces obtenemos nuestra creación.[5]

Seguramente ha escuchado la palabra *catástrofe* y es eso precisamente lo que el preocupado visualiza. En su mente crea la peor de todas las posibles consecuencias.[6]

¿Sabía usted que las preocupaciones afectan su descanso? Algunas personas tienden a dormir mucho, como descansando del drenaje de la preocupación, pero para la mayoría, esta probablemente, les creará insomnio. Los pensamientos que corren y dan vueltas por su mente preocupada interfieren con su capacidad de relajarse y dormir.

Hay otras cosas que le suceden a su cuerpo cuando se preocupa. Puede ser que usted no se percate de ellas, pero existen. Se necesita un electroencefalograma (EEG) para mostrárselo. Esta prueba indica las diferencias que se producen en las ondas cerebrales cuando las personas se preocupan. En realidad, el que se preocupa tiene menos de las ondas cerebrales que ayudan a relajarse a una persona. De hecho, la actividad cortical aumenta.

Cuando usted se preocupa excesivamente, su cerebro es altamente impactado. Cuanto más se preocupa por algo (y me refiero a horas durante el día, semana tras semana), es como si una de las estaciones de cambio de su cerebro se hubiera quedado inmovilizada. ¿Recuerda cuando tiene un calambre de pantorrilla y permanece a despecho de todo cuanto haga? Bien, es como si tuviera un calambre cerebral que no le permite salir de su preocupación. Cuanto más se preocupa, más se graba una ranura en su cerebro y y esta encontrará un hogar donde residir. Por eso es que no funcionarán las sugerencias de "No te preocupes" o "Solamente relájate", provenientes de otras personas.

¿Qué sucede cuando usted experimenta un importante disgusto en su vida? Comienzan a producirse varios procesos biológicos. Su cuerpo entra en acción, enviando distintas hormonas y otras sustancias en respuesta a ese trauma. Esto en realidad, hace que la preocupación se marque al rojo vivo en el cerebro. Queda realmente adherida y el estado físico de su cerebro cambia. De hecho, puede alterar la química del mismo.[7]

La preocupación y la ansiedad

Si el temor y la preocupación son primos hermanos, la preocupación y la ansiedad poseen una relación aun más

11

cercana. Tanto una como la otra se refieren al desorden interno que experimentamos en situaciones alarmantes y tensas. Los griegos describían la ansiedad como una fuerza opositora que actúa para desgarrar al hombre.

Es un hecho que todos nos preocupamos. Pero muchos cristianos lo hacen demasiado, terminando así en el sufrimiento. Su preocupación es más que una molestia; con certeza, perturba y bloquea sus vidas.

Hay lugar en nosotros para el legítimo temor, preocupación, y a veces un cierto grado de ansiedad, cuando estos se relacionan con situaciones reales de la vida. No toda ansiedad es mala; a veces posee su lado positivo. Como lo sugiere el Dr. Quentin Hyder en *The Christian's Handbook of Psychiatry*:

> Un poco (de ansiedad) en cantidades normales puede aumentar el rendimiento. Los atletas no podrían desempeñarse con éxito sin ella. Los hombres de negocios se desenvuelven mejor en su mundo competitivo con ese estímulo que sin él. Definitivamente fortalece la concentración y activa la imaginación, logrando así más ideas creativas. Estimula el interés y desarrolla la ambición. Protege del peligro.[8]

En su sentido positivo, la ansiedad es un instinto dado por Dios el cual nos previene acerca de situaciones peligrosas y nos prepara para responder apropiadamente a las mismas. Pero la preocupación con frecuencia toma una inquietud y la vuelve tóxica. La respuesta *legítima*, forma un sistema de alerta incorporado que actúa en el momento necesario, pero la preocu*pación* es como un sistema de alarma de un automóvil que no quiere apagarse y atormenta a su frustrado propietario.

Existen muchas enfermedades en nuestro mundo actual, pero la preocupación es una muy antigua, una enfermedad de la imaginación. Se manifiesta como un virus que lenta y sutilmente se apodera y domina su vida. Es como un ejército invasor que se arrastra silenciosamente por la noche y al final controla el país. Cuando esto ocurre, disminuye su capacidad de vivir como usted quisiera. Un proverbio sueco dice: "La preocupación hace que una cosa pequeña arroje una gran sombra".

Otra vez, los aspectos negativos de la preocupación y la ansiedad deben ser diferenciados del aporte positivo en situaciones difíciles.

El pastor Earl Lee ilustra la diferencia:

La preocupación es como acelerar el motor del automóvil mientras el vehículo está en punto muerto. El combustible, el ruido y los gases de escape no nos conducen a ningún lugar. Pero la verdadera y positiva *preocupación (o interés)... es poner al vehículo en primera velocidad con el fin de que se mueva hacia adelante. Usted se dice a sí mismo que va a usar el poder que Dios le ha dado, para hacer algo acerca de la situación que lo tiene inquieto.*[9]

La preocupación lo inmoviliza y no lo conduce a la acción, mientras que el legítimo interés lo mueve a superar el problema.

Muchos versículos de las Escrituras describen los efectos del temor, la preocupación y la ansiedad. Y otros revelan que una vida libre de preocupaciones cosecha muchas recompensas positivas. Observe el contraste en los siguientes versículos:

Oí, y se estremecieron mis entrañas; a tu voz temblaron mis labios. Entra podredumbre en mis huesos, y tiemblo donde estoy. Tranquilo espero el día de la angustia, al pueblo que se levantará para invadirnos.

Habacuc 3:16

La ansiedad en el corazón del hombre lo deprime, mas la buena palabra lo alegra.

Proverbios 12:25

13

Un corazón apacible es vida para el cuerpo, mas las pasiones son podredumbre de los huesos.

Proverbios 14:30

Todos los días del afligido son malos, pero el de corazón alegre tiene un banquete continuo.

Proverbios 15:15

El corazón alegre es buena medicina, pero el espíritu quebrantado seca los huesos.

Proverbios 17:22

El corazón gozoso alegra el rostro, pero en la tristeza del corazón se quebranta el espíritu.

Proverbios 15:13

2

¿Qué le preocupa?

¿De qué se preocupan las personas? Con seguridad diríamos: *De todo*. El Dr. Samuel Kraines y Eloise Thetford sugieren tres categorías en las que se clasifican la mayoría de las preocupaciones:

1. Situaciones incómodas para las cuales se debe encontrar una *solución*, por ejemplo, cómo obtener el dinero para alimentos, alojamiento o gastos médicos.

2. Situaciones molestas acerca de las cuales *no se tiene control*, por ejemplo, una madre que se muere de cáncer, una hija generalmente puntual que se atrasó cinco horas o un hijo en combate.

3. Insignificantes *problemas menores de la vida diaria que no requieren gran atención* y carecen de importancia. Las personas se "preocupan" acerca de los menores detalles de la vida cotidiana, ideando horrendas posibilidades y luego inquietándose por ellas. El ama de casa se "preocupa" porque no puede limpiar la casa como lo hacía antes, planchar bien la ropa, y no logra comidas apropiadas. El hombre se "preocupa" porque no rinde en su trabajo, será "echado" del mismo y porque "no puede pagar las cuentas". La lista sigue y sigue. La preocupación

además de ser un sentimiento de temor, lo es también de inutilidad, desesperanza y espantosas posibilidades.[10]

El preocuparse intensamente acerca de la posibilidad de que ocurra algo, no previene que ocurra, y puede en realidad, contribuir a que se produzca. Un joven seminarista está esperando para dar su primer sermón. Se sienta, pensando qué decir. Comienza a preocuparse porque puede olvidar palabras, ser torpe al utilizar ciertas frases y no parecer seguro de sí mismo. Al continuar preocupándose, se visualiza cometiendo estos errores. Entonces cuando se levanta a predicar ¡le sucede todo aquello por lo que se preocupó!

Si usted le dijera que no debió preocuparse por esa prédica, le respondería: "Era justificable que lo hiciera. Después de todo, los problemas por los que me preocupé, fueron reales. Ocurrieron, ¿no es así? Tenía que estar preocupado." Lo que él no toma en cuenta es que su propia preocupación contribuyó a que todo sucediera en realidad. Fue responsable de su propio fracaso. Empleó más tiempo imaginando su fracaso, que visualizándose en un desenvolvimiento exitoso o venciendo sus temores.

Haga lo que piensa

El principio aquí es que si usted dedica tiempo a verse a sí mismo como un fracaso, será más que probable que reproduzca este ejemplo en su comportamiento. En realidad usted se autocondiciona para un desenvolvimiento pésimo, debido a su negativo modo de pensar. El ejemplo clásico es la persona que se preocupa por una probable úlcera y en pocos meses, se ve recompensada con ella, por sus esfuerzos. Las personas que continuamente se preocupan por accidentes en la autopista son muy propensas a los mismos. Tienen mayor probabilidad que otras de tener accidentes, porque constantemente visualizan el suceso.

Sin embargo, si usted dedica la misma cantidad de tiempo y energía planificando cómo superar sus probables errores y visualiza su éxito como hace con su fracaso, su desempeño será mucho mejor. En Proverbios 23:7 se expresa que la manera como pensamos en nuestros corazones determina lo que hacemos.

Los resultados finales del temor, la preocupación y la ansiedad son negativos, frustrantes, y nos quitan nuestra capacidad. ¿Qué logramos con preocuparnos? ¿Hay algún resultado positivo? Haga una lista con las cosas que le preocupan y luego describa específicamente lo que logró o está por lograr con preocuparse. ¿Resuelve o crea más problemas?

Cuando usted se preocupa acerca de un problema real o imaginario, esto generalmente le impide ser capaz de hacer algo efectivo al respecto. En otras palabras, la preocupación, en sí misma es un gran problema.

¿Disfrutamos preocupándonos? La preocupación parece poseer una cierta atracción. El dolor parece apropiarse de nuestra atención con más facilidad que el placer. Preocuparse tal vez sea un poco semejante a ver una película de horror: es tanto excitación como entretenimiento. O quizás cuando usted se preocupa, recibe algún tipo de estímulo. Su mente está comprometida, fijada en un blanco, igual que un radar buscando un misil controlado térmicamente.

¿Un dispositivo protector?

¿Alguna vez consideró la preocupación como un dispositivo protector? Para algunas personas lo es; aun cuando la porción preocupada del cerebro tenga un espasmo. Parece simplemente que no se pudiera salir del problema percibido y ver el otro lado. Cualquiera que fuese la buena noticia, es rechazada.

Los que están deprimidos con frecuencia se preocupan. Si usted posee una condición obsesiva-compulsiva, la preocupación puede sobrevenir como las olas de un océano. Le parecerán imposibles de detener. Si se traumatiza, la preocupación será su constante compañera.

Parte de la solución es tener el mayor conocimiento acerca de la preocupación y la ansiedad. Existe la posibilidad de evadirse y creer que esta no puede superarse.

A veces ayuda más *tomar una acción*, que entregarse a la preocupación. Si lo que a usted le preocupa necesita algo de acción, entonces actúe. La inmovilidad alimenta la preocupación así como la depresión.

Quizás usted ha visto películas del interior de la cabina de mando de un avión de combate. La mayoría de nuestros aviones, cuentan con misiles en su armamento. El piloto tiene al frente una pantalla que muestra al avión enemigo. Basándose en esa información, dirige su vuelo con el fin de alinearlo para el lanzamiento del proyectil. Al efectuar esta acción correctamente, la pantalla se ilumina con un mensaje de "misil orientado". Permanecerá orientado hacia el avión enemigo hasta que el mismo sea destruido.

De la misma manera el sector de almacenaje de preocupación está orientado hacia el problema y no lo deja ir. Luego envía una señal de alarma al lóbulo frontal del cerebro, la cual analiza la preocupación, y la envía de regreso, diciendo: "Estoy preocupado ahora". El sector de preocupación se alarma aun más repitiendo el ciclo, lo cual hace constantemente. Es como un circuito que no puede interrumpirse. Como si la preocupación tomara el control del cerebro y bloqueara el resto de la vida a su alrededor.

El papel de la fisiología

Muchas personas eligieron o aprendieron a preocuparse, pero solo hasta hace poco se descubrió que la fisiología, juega un papel importante en la preocupación. Un artículo con fecha 29 de noviembre de 1996 y publicado por el *New York Times*, describe un estudio efectuado por el Dr. Dennis Murphy del Instituto Nacional de Salud Mental de los Estados

18

Unidos y por Klause Peter Lesch de la Universidad de Wurz-
burg de Alemania. El estudio indicó la presencia de un gen
que regula un producto químico de nuestro cuerpo llamado
serotonina. Probablemente se sorprenderá por la información
que sigue. O quizás dirá: "¡Ya lo sabía hace tiempo!"

Si una persona posee este gen, podrá tener inclinación a
la preocupación. Algunos buscan en realidad algo por qué
preocuparse, dado que es en esta condición cuando solo se
sienten completos.

Cuando nacemos, contamos con el factor hereditario. De
hecho, ya nos fue dado antes de nacer, durante el proceso de
gestación. Es como si estuviésemos en espera de la lectura de
un testamento y descubrimos cuál ha de ser nuestra herencia.
Algunas de las cosas que heredamos hacen la vida más completa y fácil, mientras que otras tienen efecto contrario.

Usted puede haber heredado la timidez, o tener un sistema
nervioso y estructura altamente fortalecidos. Algunas personas tienen un mecanismo disparador para la preocupación que
es muy sensible; el más ligero toque lo activa. Mientras unos
lo desarrollan con el transcurso del tiempo, otros nacieron
así. Los técnicos ensamblan computadoras, componentes y
otros instrumentos electrónicos de ciertas formas; todos nosotros también estamos *armados* de una forma única. Cuando
entramos en esta vida, poseemos un cierto juego de rasgos
distintivos personales, o ensamblaje, si así fuere. Algunos
fuimos diseñados para ser extrovertidos y otros, introvertidos.
Unos somos metódicos y estructurados, mientras que otros
pueden perderse entre la puerta del frente y el automóvil.

El Dr. Edward Hallowell describió muy bien nuestra condición cuando dijo:

**Las preocupaciones parecen haber heredado una
vulnerabilidad neurológica que puede ser disparada
por los sucesos de la vida... mientras algunos nacen
seguros, otros inseguros, mientras unos nacen cal-
mados otros vienen con innata intranquilidad, ciertas**

personas nacen con impulsos de avanzar, otros, sin embargo, con tendencia al retroceso. Usted puede haber nacido con una característica específica o con una vulnerabilidad para desarrollarla posteriormente, enfrentando las tensiones que nos presenta la vida.[11]

Sin embargo, antes que diga: "Ahí está. Esa es la razón por la cual me preocupo; no lo puedo remediar. Estoy genéticamente predispuesto y predeterminado para actuar así. Nada de lo que haga va a ayudarme, por lo tanto, ¿para qué intentarlo?", considere estos factores:

1. Nadie sabe con seguridad si esa es la razón en este preciso momento.

2. Esta predisposición también es modificada por nuestra personalidad y experiencias en la vida. Lo que experimentamos y aprendemos, puede tener efecto sobre la intensidad en que un gen pueda expresarse y (aquí está el gran factor), *la expresión de tal gen puede ser cambiada por la experiencia y el entrenamiento.* Sin tomar en cuenta la razón por la cual estamos preocupados, *podemos* aprender a controlar su efecto sobre nuestras vidas. Como cristianos, tenemos la mejor oportunidad de hacerlo así, debido a los recursos de nuestra fe.[12]

La ansiedad

La ansiedad fue mencionada anteriormente, pero echemos un vistazo adicional para ver en qué difiere de la preocupación. La ansiedad es una dolorosa o aprensiva inquietud mental atada a un acontecimiento inminente. Es una respuesta llena de temor que impacta al cuerpo con reacciones que incluyen sudores, tensión muscular, palpitaciones y respiración acelerada. También hay un sentimiento de duda respecto a la realidad de la amenaza, así como a la capacidad de uno para manejarla.

Todos experimentamos ansiedad, pero cuando esta perturba nuestro estilo de vida la llamamos un *desorden de ansiedad*. La mayoría de las ansiedades son inducidas por uno mismo, pero, ¿cómo se desarrollan? En realidad, tienden a hacerlo dentro de las familias. Parecería que existe un cierto tipo de inclinación genética hacia esa tendencia, igual que en el caso de la preocupación. El ambiente también juega un rol. Esto podría incluir un miembro familiar que provea el ejemplo perfecto del rol de preocupado, las expectativas acerca de que usted sea perfecto, un cierto tipo de abandono en la etapa de la niñez, entre otros.

La ansiedad también puede ser influenciada por la bioquímica. Algunos de los rasgos distintivos de la personalidad que desarrollamos pueden contribuir también a un desorden ansioso, incluyendo la tendencia a tener grandes expectativas, así como una necesidad de aprobación. Cuando su mente insiste en estas cosas, afecta su bioquímica, lo que puede entonces hacerlo más propenso a ser ansioso.

Nosotros llamamos a esto la *respuesta de adrenalina*. Una señal es enviada a su cerebro y se activa un sistema de alarma. Entonces su cuerpo segrega una hormona llamada adrenalina. (Esto es solo el comienzo del proceso.) Su sistema nervioso ha sido advertido de que algo anda mal, que algún peligro puede estar presente u ocurrir. Entonces se segrega cortisol. Estos estimulantes comienzan a fluir a través de su cuerpo.

Esta respuesta bioquímica *no* es un mal funcionamiento del sistema nervioso central; es algo completamente normal. En realidad es parte de su mecanismo de supervivencia. Si alguien usando una máscara de esquiar irrumpiera en su hogar, su cuerpo respondería inmediatamente registrando que hay un problema. Entonces la adrenalina y el cortisol comenzarían a correr por su organismo. Dios lo creó con un sistema nervioso central que se sensibiliza cuando recibe esos estímulos. Reacciona con la respuesta de "huye o lucha".

Usted está ahora listo para defenderse o correr lo más rápido posible. Su sistema está preparado para sobrevivir. Esta es una respuesta apropiada de un sistema saludable y funcional, tratando de protegerse a sí mismo. Es lo normal, su cuerpo ha entrado en acción. Está llamado a autoprotegerse.

¿Alguna vez ha experimentado desarrollar esto en su mente? Imagínese un escenario tan real como la vida misma. Se produce la misma respuesta corporal, que en el caso de enfrentar al intruso de la máscara de esquiar.

Su corazón comienza a latir más rápido en la medida que impulsa el oxígeno a los músculos de sus piernas y brazos. Su estómago se contrae mientras la sangre se aleja rápidamente de él. Si siente un malestar crónico de estómago, náuseas, o calambres, puede llegar a pensar: "¿Tendré cáncer de estómago?" La sangre se apresura hacia sus brazos y piernas y se aleja de sus manos y pies. Sus dedos se tornan fríos. Se estremecen. Ahora piensa: "¿No tendré esclerosis múltiple?" Su corazón palpita tan fuertemente que le hace pensar: "¡Oh no! ¿Tendré un ataque al corazón?" La sangre se escapa de su cabeza, causándole mareos, y la idea ahora es: "¿Y si tengo un tumor cerebral?" No se puede hacer nada con un sistema sobreestimulado que usted mismo activó. Se encuentra aquí a un paso del pánico.[13]

¿Alguna vez ha experimentado ansiedad tal, que se sintió aturdido o incluso desorientado? Es posible que dijera: "¡Oh no! ¡Estoy perdiendo el juicio! ¡Me estoy volviendo loco!" Probablemente desea liberarse de ese confuso sentimiento de estar aturdido porque considera que es malo. Pero en realidad es una respuesta saludable que le ayuda a atacar y sobreponerse a la situación. Si usted lucha con una ansiedad excesiva o cualquier tipo de fobias, puede experimentar estas respuestas. *Esta es la forma en que su mente se toma un receso o una minivacación de su sobrecarga emocional.*

En una crisis o trauma, el sistema normal de una persona se desactiva y un suave estado de conmoción entra en acción. El sistema necesita desactivarse debido a que está recayendo demasiado sobre la persona, como para manejar todas las cosas a la vez. Sus sentidos no pueden controlarlo todo.

Lo mismo ocurre cuando usted siente ansiedad excesiva. Esta es una respuesta de adrenalina. No lo lastimará y desaparecerá en pocas horas. En lugar de concentrarse en su temor, lo cual producirá más adrenalina, dígase a sí mismo: "Estoy bien, esto es normal. Dios creó mi cuerpo para que responda de esta forma. Esto me protege de demasiados sucesos al mismo tiempo."

Puede preguntarse: "¿Qué puedo hacer si he disparado la respuesta bioquímica?" Usted aún puede revertir el proceso. Tome un bolígrafo y papel y escriba. Haga algo que usted disfrute, o que sea diferente.

Personalidad y ansiedad

Consideremos ahora algunos de los rasgos distintivos de la personalidad que pueden contribuir a la ansiedad en nuestras vidas.

El perfeccionismo es uno de los culpables. Es una imposibilidad. Es el ejercicio de la frustración. No he conocido todavía a un perfeccionista exitoso. Usted puede usar la misma energía para desarrollar altos niveles e ir tras la excelencia. Con el perfeccionismo usted nunca estará satisfecho, pero con la excelencia sí. Cuando sabe que ha hecho todo lo posible, experimenta un sentimiento de regocijo. Emplee su energía y trabaje enfocado en sentirse cómodo, con la realidad de que las cosas no son perfectas y nunca lo serán.

Otro culpable es la forma de interpretar los sentimientos que posee en su interior. Quizás decida ir en balsa por el río. Al aproximarse a los rápidos y ver las aguas revueltas y espumosas, su corazón golpea, sus manos sudan y tendrá dificultad en respirar. ¿Qué se dice a sí mismo? Quizás: "Estoy aterrorizado. Me voy a ahogar. Nunca encontrarán mi cuerpo". Está lleno de miedo. Siente pánico.

Pudiera decir, por el contrario: "Esto es bárbaro. Es tan excitante. ¡Qué viaje! Está bien que mi corazón golpee y las palmas de mis manos suden". Al decir esto, sentirá *emoción* en vez de temor.[14]

23

Hay otra manera simple de abordar los "qué pasa si..." de la preocupación y la ansiedad. Simplemente tome cada "qué pasa si..." y vuélvalo positivo. Aquí van algunos ejemplos:

"¿Qué pasa si no logro sobreponerme a mi preocupación?", por: "¿Qué pasa si supero mi preocupación?"

"¿Qué pasa si olvido lo que tengo que decir?", por: "¿Qué pasa si recuerdo todo lo que quiero decir?"

"¿Qué pasa si echo a perder todo y pierdo mi trabajo?", por: "¿Qué pasa si todo lo hago bien y conservo mi trabajo?"

"¿Qué pasa si nunca salgo de este plan médico?", por: "¿Qué pasa si soy libre de este plan médico?"

"¿Qué pasa si no les caigo bien a las nuevas personas?", por: "¿Qué pasa si les gusto a las nuevas personas?"

"¿Qué pasa si fracaso en el examen?", por: "¿Qué pasa si apruebo el examen y me desenvuelvo exitosamente?"

Pensar en forma negativa provoca más preocupación y ansiedad; siendo positivos creamos expectativas, emoción y esperanza.

El principio del reemplazo

Otra manera de tratar su ansiedad es *contrarrestar* sus pensamientos negativos. Sí, tomará tiempo, esfuerzo e insistencia, pero será efectivo.

Lo que sigue son algunos ejemplos de típicos pensamientos negativos y algunas sugerencias de cómo puede desafiarlos y poner en su lugar ideas positivas:

Negativo: ¿Cuándo podré pasar por alto o recuperarme de estos sentimientos de pánico? A veces me siento tan temeroso y esto drena mis energías.

Positivo: Estoy trabajando para superar estos ataques de pánico. ¿Me dañarán? No. Simplemente dejaré que estos sentimientos vengan cuando lo deseen y finalmente se irán.

Negativo: Siento que mis sentimientos de angustia están controlando mi vida. Odio esta situación. Me siento atrapado.

Positivo: Bueno... es simplemente ansiedad. No es importante. La ansiedad es parte de la vida. He ido mejorando, aprendiendo a controlarla. Estoy mejor esta semana que la pasada. Tomará su tiempo, pero lo voy a conquistar con la ayuda del Señor.

Negativo: Hoy no tengo ganas de ir a ninguna parte. ¿Y si me enfermo?

Positivo: Está bien que sienta esto. Hace mucho tiempo que no voy a ningún lugar. No me voy a enfermar. Estoy bien. Estaré perfectamente. Me concentraré en cómo disfrutar esta salida. Nunca es tan malo como supongo.

Negativo: A veces siento que nunca podré controlar mi ansiedad y mi preocupación. ¡Es como un hábito profundamente arraigado!

Positivo: Miren cómo he madurado. ¡Imagínense dónde estaré dentro de seis semanas o meses! Lo estoy haciendo bien. Puedo darle gracias a Dios por los cambios que han ocurrido en mi vida.

Negativo. ¿Por qué está tan furiosa esa persona conmigo? ¿Hice algo malo? ¿Será por algo que dije?

Positivo: Estoy tomando esto con demasiada seriedad. ¿Cómo sé que está furiosa conmigo? No lo sé. Si está furiosa, es su problema, no el mío. Está en ella decirme si soy la causa.

Negativo: ¿Qué pasa si pruebo un nuevo trabajo y no me gusta o no lo hago bien? ¡Me molestaría tanto!

Positivo: ¡Intentarlo ya es un logro! Si no funciona, por lo menos aproveché la oportunidad. Esto en sí mismo es un paso nuevo y positivo.

Negativo: Estos sentimientos de angustia me hacen sentir como si me estuviese volviendo loco. ¡Son tan desagradables!

Positivo: Yo sé cuál es la causa de estos sentimientos. Sé que soy emotivo y no he comido bien. No tiene sentido angustiarme por esto. En el futuro me sentiré mejor.[15]

La ansiedad puede derivarse de sentimientos inconscientes, pero la preocupación es un acto consciente de la elección de un método ineficaz para enfrentar la vida. Oswald Chambers dijo que nuestras inquietudes y preocupaciones son causadas por calcular sin tener en cuenta a Dios. Cuando elegimos preocuparnos, esto implica una ausencia de confianza en Dios. Y dado que las Escrituras nos instruyen específicamente en que *no* nos preocupemos, esta falta de confianza en el Señor ciertamente es pecado. Pero tenga en cuenta que si una persona ha heredado genéticamente la tendencia a preocuparse, esto no es pecado. Es simplemente el resultado de la distorsión de la raza humana, que es consecuencia del pecado de Adán. El problema en este caso es no elegir el aprender cómo minimizar o superar la preocupación.

El síndrome de DOC

Una de las más intensas expresiones de preocupación es el DOC, Desorden Obsesivo Compulsivo. ¡La preocupación parece regir la mente como un tirano! A ella llegan ciertos pensamientos que usted no puede eliminar. La persona afectada por DOC tiene una variedad de intensos e indeseables pensamientos con los cuales está obsesionada. A veces se siente impulsada a hacer ciertos rituales, que se supone evitarán consecuencias específicas. Pudiera ser cerrando el grifo de agua cinco veces de cierta manera, o todas las puertas, poniendo en orden los papeles sobre el escritorio para que coincidan con perfección, teniendo todas las latas de conserva en el aparador espaciadas con excelencia, y así sucesivamente.

Entre uno y tres por ciento de nuestra población padece este síndrome. En cierta forma, el DOC es una intensificación de los temores y preocupaciones que experimenta la mayoría de las personas, pero al padecerlo, esos temores dominan sus vidas. Una de las mejores descripciones de este desorden fue escrito por Judith Rapoport en su libro *The Boy Who Couldn't Stop Washing*. Existen en la actualidad varios tratamientos disponibles para tratar este asunto. Para un profundo análisis del mismo vea *When Once Is Not Enough*, por el filósofo Gail Steketee, y el Doctor en Medicina Kevin White (New Harbinger Publications).

Una de las formas de lidiar con intensas preocupaciones o ansiedades es enfrentarse con sus temores, cara a cara. Cuanto más pretendamos huir de ellos, más crecen. Los jugadores de pelota de cuadro siguen el siguiente principio: "Juega la pelota, no dejes que la pelota te juegue a ti". Lo que esto significa es que cuando la pelota es bateada hacia ti, con el fin de atraparla limpiamente hay que seguir el siguiente paso: En lugar de retroceder y tratar de predecir los botes que dará la pelota mientras viene hacia ti, haz exactamente lo contrario. (Usted no quiere estar a merced de los imprevistos botes que hace. A esto se le llama dejar que la pelota lo juegue a usted.) *Vaya en busca de la pelota* y haciendo eso va a actuar más en lugar de pensar demasiado. Usted agarrará la pelota antes de tener la oportunidad de pensar que puede cometer un error.

Otras soluciones

Si realmente está temeroso de algo, trate de exponerse a ello un poco cada vez, hasta que se sienta cómodo. Hace años vino a verme una mujer que tenía un miedo mortal a los terremotos. Bueno; esta es una de las cuatro estaciones que tenemos ahora en California: terremotos. Es difícil evitarlos. Ella había estado en el Sylmar al comienzo de los setenta y esto la traumatizó. La posibilidad de atravesar por otro terremoto, la preocupaba todos los días. Estaba tan asustada que durante los últimos diez años, evitó leer los periódicos y escuchar o ver cualquier programa de noticias para no tener que oír algo acerca de ellos. Esto no hizo más que intensificar sus temores. Finalmente se dio cuenta que ésta no era forma de vivir y por lo tanto vino por ayuda. Trabajamos juntos por varios meses. Cada semana hablábamos un poco más acerca de terremotos. Ella aprendió a enfrentarlos en vez de huir de ellos. Se graduó en su terapia luego de ir a una biblioteca, elegir un libro acerca de terremotos y leerlo. Reconoció que experimentará más de ellos durante su vida y tendrá que lidiar con cada uno cuando se produzcan. Pero ahora no necesitará preocuparse por el próximo. Enfrentó sus temores, lenta y consistentemente, y en forma gradual quebró el dominio que tenían sobre ella.

A veces la ansiedad o la preocupación son tan intensas, que temporalmente, un tratamiento médico es una solución útil. Contribuye a poner freno al cerebro ansioso o preocupado. La medicación no lo resuelve todo; es simplemente una de las distintas formas de tratamiento. Debería usarse únicamente cuando sea lo indicado, y ser solo un médico, quien la prescriba (a veces en combinación con un consejero o un terapeuta). Uno mismo nunca debe automedicarse.

¿Cuáles son algunos de esos medicamentos? Probablemente ha oído hablar de Valium, el cual es una benzodiazepina. Hay muchos similares; simplemente moderan la actividad excesiva en el cerebro. Recuerde que la medicación es una ayuda legítima pero no conlleva a una cura permanente. Y deberá luchar además, con algunos efectos secundarios. Recalco, la decisión de prescribir un medicamento no es suya, sino del médico.

3

Respuestas bíblicas a la preocupación

¿Existe lugar para la preocupación en la vida de un cristiano? ¿Es un pecado preocuparse o sentir ansiedad? Una persona que experimenta estados extremos de ansiedad por lo general es incapaz de controlarlos. Puede sentir que está a merced de sus sentimientos, ya que no logra determinar exactamente el motivo de su ansiedad. Esta persona puede tener heridas o sentimientos profundos y ocultos que han permanecido por años en el subconsciente. En un caso así, quizás necesite enfrentar el problema, descubrir las raíces de sus sentimientos, y reemplazarlos con el poder sanador y los recursos ofrecidos a través de Jesucristo y las Escrituras.

Es posible liberarse de las preocupaciones. La respuesta descansa en explotar los recursos de las Escrituras. Lea cada pasaje citado a continuación antes de los párrafos que lo siguen.

Preocuparse no tiene utilidad, por lo tanto, no lo haga (Mateo 6:25-34). De estos pasajes podemos descubrir varios principios que contribuyen a superar la ansiedad y la preocupación. Primero, note que Jesús *no* dijo: "Dejen de preocuparse cuando todo

29

está en orden". Su mandamiento no es una sugerencia. Simple y directamente dijo que dejemos de preocuparnos por nuestra vida. En cierta forma, Jesús estaba expresando que debemos aprender a aceptar situaciones que no pueden ser cambiadas en el presente. Esto no significa que debamos sentarnos y no hacer ningún intento de mejorar las condiciones que nos rodean. Pero debemos enfrentar circunstancias difíciles sin preocuparnos y aprender a vivir con ellas mientras intentamos mejorarlas.

Segundo, Jesús dijo que usted no puede añadirle tiempo a su vida preocupándose. No solamente esto es cierto, sino también lo contrario: Los efectos físicos de la preocupación en realidad pueden acortar su vida.

Tercero, el objeto de su preocupación puede ser una parte de la dificultad. Nuestro sentido de valores pudiera estar distorsionado y entonces el objeto de nuestras preocupaciones no debe ser el centro de nuestra atención. Las cosas materiales que nos parecen tan importantes deberían ser secundarias respecto a los valores espirituales.

Cuarto, Cristo también nos plantea vivir un día a la vez. Usted puede cambiar algunos de los resultados de su comportamiento anterior, pero no cambiar el pasado, por lo tanto, no se preocupe por él. Usted no puede predecir o prepararse completamente para el futuro, por ello, no inhiba su potencial preocupándose por él. ¡Concentre sus energías en las oportunidades del presente! La mayoría de los sucesos futuros acerca de los cuales las personas se preocupan, no ocurren. Además, la preocupada expectativa de ciertos sucesos inevitables generalmente es más estresante que la experiencia en sí. La anticipación es el lente de aumento de nuestras emociones. E incluso si un suceso es tan serio como lo anticipamos, el cristiano puede buscar la provisión de fortaleza y estabilidad de Dios en todos los tiempos.

Concéntrese en la solución, no en el problema (Mateo 14:22-33). En este pasaje, vemos a los discípulos en una embarcación mientras Jesús camina hacia ellos sobre las aguas. Cuando Pedro comenzó a caminar sobre las aguas hacia Jesús, estuvo bien hasta que su atención fue quitada de Él y enfocada en la tormenta. Entonces le sobrevino temor y comenzó a hundirse.

Si Pedro hubiese mantenido su atención en Cristo (la fuente de su fortaleza y la solución de sus problemas), habría estado bien. Pero cuando ésta se enfocó en el viento y las olas (el problema y el aspecto negativo de sus circunstancias), fue sumergido en la dificultad, aun cuando pudo haber logrado llegar a Jesús, con seguridad.

La preocupación es así. Nos concentramos tanto en el problema que quitamos nuestros ojos de la solución creándonos entonces, más dificultades. Podemos soportar cualquier dificultad enfocando nuestra atención en el Señor y descansando en Él.

> *Bendito es el hombre que confía en el Señor, cuya confianza es el Señor. Será como árbol plantado junto al agua, que extiende sus raíces junto a la corriente; no temerá cuando venga el calor, y sus hojas estarán verdes; en año de sequía no se angustiará ni cesará de dar fruto.*
>
> *Más engañoso que todo, es el corazón, y sin remedio; ¿quién lo comprenderá? Yo, el Señor, escudriño el corazón, pruebo los pensamientos, para dar a cada uno según sus caminos, según el fruto de sus obras.*
>
> Jeremías 17:7-10

Haga una elección

Usted y yo vivimos en un mundo inestable. Mientras escribo esto, el mercado de valores acaba de caer en varios centenares de puntos. Esto no solo ha creado preocupación en algunas personas, sino también temor, ansiedad y pánico. Pero cuando confiamos en el Señor (y no en el mercado de valores) recibimos la bendición de una estabilidad en un mundo fragmentado. Tenemos la capacidad de estar libres de la preocupación en un mundo donde existe mucho por qué estar ansiosos y temerosos.

¿Alguna vez leyó el pasaje de Lucas 21:14,15?

Por tanto, proponed en vuestros corazones no preparar de antemano vuestra defensa; porque yo os daré palabras y sabiduría que ninguno de vuestros adversarios podrá resistir ni refutar.

Al comienzo del versículo hay una frase que es una orden pero también implica que tenemos la capacidad de hacerlo. "Proponed en vuestros corazones", significa que tenemos la opción de *elegir* preocuparnos o *elegir no* preocuparnos. "Proponed en vuestros corazones" proviene de una palabra griega que significa "premeditar". Usted habrá oído probablemente esta palabra usada en juicios criminales.

Si alguien es acusado de un crimen premeditado, esto significa que pensó en ello antes de hacerlo. Elegir no preocuparse costará mayor esfuerzo y energía a algunas personas que a otras, pero el cambio es posible.

Dé su preocupación a Dios por adelantado (1 Pedro 5:7). Pedro tiene que haber aprendido de su experiencia de caminar sobre las aguas porque posteriormente escribió: "...echando toda vuestra ansiedad sobre Él (Dios), porque Él tiene cuidado de vosotros". "Echando" significa "rendirse" o "descargar". El tiempo de este verbo se refiere a un sometimiento directo a Dios, de una vez y por todas, de la ansiedad y preocupación. Debemos descargar en Dios nuestra tendencia a preocuparnos, de forma tal, que cuando surjan los problemas, no nos preocupemos por ellos. Podemos echar nuestra preocupación sobre Dios con confianza porque Él cuida de nosotros. Su objetivo no es destruirnos sino fortalecernos y ayudarnos a permanecer firmes. Él conoce nuestros límites y "no quebrará la caña cascada, ni apagará el pábilo mortecino"(Isaías 42:3).

Centre sus pensamientos en Dios, no en las preocupaciones (Isaías 26:3). Isaías se regocija en el Señor: "Tú guardarás en completa paz a aquel cuyo pensamiento (tanto su inclinación como su carácter) en ti persevera; porque en ti ha confiado. (Isaías 26:3 RV 1960, paréntesis agregado). Sea lo que fuere que usted haya elegido para pensar en ello, producirá o rechazará pensamientos de ansiedad y preocupación. Aquellos que sufren de preocupaciones han elegido centrar sus mentes en pensamientos negativos y anticipar lo peor. Pero si su mente e imaginación están enfocados en Dios, en lo que Él ha hecho y hará por usted, y en las promesas de las Escrituras, la paz de la mente será inevitable. Pero *debe elegir* centrar sus pensamientos de esta manera. Dios ha hecho la provisión, *usted debe ponerse en acción.* La liberación de la preocupación y la ansiedad, está disponible, hágala suya.

Reemplace la irritación con la confianza (Salmo 37:1-40). Este Salmo comienza: "No te irrites" y esas palabras vuelven a repetirse más adelante. El diccionario define "irritarse" como "carcomer, roer, molestar, enojar, preocuparse, agitarse, desgastarse".

Cada vez que escucho esta palabra, recuerdo una escena que repito cada año cuando salgo de caminata por la orilla del río Snake en el Grand Teton National Park en Wyoming. A lo largo de las márgenes del río viven colonias de castores y con frecuencia veo árboles, en distintas etapas de estar roídos hasta la base por ellos. Algunos tienen leves anillos alrededor de sus troncos donde los castores habían recién comenzado a roer. Otros árboles tienen varios centímetros de corteza comida, y otros ya cayeron al piso debido a que la acción destructora de los castores, atravesó el tronco. La preocupación posee el mismo efecto en nosotros: gradualmente nos irá carcomiendo hasta destruirnos.

Los sustitutos positivos

Además de decirnos que no nos inquietemos, el Salmo 37 sugiere sustitutos positivos para la preocupación. Primero dice: "Confía (apóyate, cuenta con, sé seguro) en el Señor (versículo 3). Confiar es el hecho de no intentar vivir una vida independiente o de sobrellevar sin apoyo las dificultades. Significa ir a una fuente mayor en busca de fortaleza.

Segundo, el versículo 4 dice: "Pon tu delicia en el Señor". Deleitarse significa regocijarse en Dios y en lo que Él ha hecho por nosotros, permitir que Dios supla el gozo para nuestra vida.

Tercero, el versículo 5 dice: "Encomienda al Señor tu camino". Encomendar es un acto definitivo de la voluntad e involucra descargar nuestras preocupaciones y ansiedades en el Señor.

Y cuarto, tenemos una exhortación "Confía callado en el Señor y espérale con paciencia" (versículo 7). Esto significa someterse en silencio a lo que Él ordena, y estar listo y expectante para lo que va a hacer en nuestra vida.

Deje de preocuparse y comience a orar (Filipenses 4:6-9; Salmo 34:1-4). El pasaje de Filipenses puede dividirse en tres niveles básicos. Se nos ha dado una *premisa*: dejen de preocuparse. Se nos indica una *práctica*: comiencen a orar. Y se nos regala una *promesa*: paz. La promesa existe y es alcanzable, pero debemos seguir los primeros dos pasos para que ocurra el tercero. Debemos dejar de preocuparnos y comenzar a orar si queremos recibir la paz de Dios

Los resultados de la oración como un sustituto de la preocupación, se ejemplifican vívidamente en una crisis de la vida de David, que lo impulsara a escribir el Salmo 34. (Ver 1 Samuel 21:10-22:2.) David escapó de la muerte de manos de los filisteos al simular que estaba demente. Luego escapó a la cueva de Adulam junto con cuatrocientos hombres que fueron descritos como angustiados, descontentos y endeudados. En medio de todo esto, David escribió un salmo de alabanza que comienza así: "Bendeciré al Señor en todo tiempo; continuamente estará su alabanza en mi boca" (Salmo 34:1). No dijo que alabaría al Señor *a veces, sino continuamente*, aun cuando sus enemigos estuviesen tras él.

¿Cómo podía alabar David al Señor en medio de sus angustiantes experiencias? Porque dejó de preocuparse y comenzó a orar: "Busqué al Señor, y Él me respondió, y me libró de todos mis temores" (Versículo 4). David no se volvió y tomó nuevamente sus preocupaciones luego de haberlas depositado en el Señor. Él se las cedió. Demasiadas personas entregan a Dios sus cargas, atadas con una banda de goma. Tan pronto terminan de orar, los problemas regresan. Ellos oran: "Danos el pan nuestro de cada día" y al concluir, comienzan a preocuparse de dónde vendrá su próxima comida.

Otro factor a tener en cuenta es que Dios no eliminó el problema de David, para librarlo de sus temores. Él seguía escondido en la cueva con cuatrocientos hombres descontentos, cuando escribió el salmo. Dios no siempre hace desaparecer nuestras situaciones problemáticas, pero nos da la paz que buscamos mientras atravesamos cada experiencia, en oración. Le sucedió a David, y lo mismo hoy a aquellos que oran, descargan sus problemas en Dios y los dejan allí.

No temas, porque yo estoy contigo; no te desalientes, porque yo soy tu Dios. Te fortaleceré, ciertamente te ayudaré, sí, te sostendré con la diestra de mi justicia.

Isaías 41:10

Este versículo nos exhorta a no temer, luego añade por qué: "Porque yo estoy contigo". No existe una razón mejor para cesar de estar temeroso o preocupado que la que aquí se ofrece: Dios está contigo. En la frase "...no te desalientes", la palabra "desalientes" significa "mirar fijamente", mirar alrededor de un modo ansioso. Esta palabra es utilizada para describir a una persona que está mirando en derredor con asombro o aturdimiento. Da la idea de estar inmovilizado o paralizado. Usted no puede conducir sus pensamientos hacia otra dirección.

Pero una vez más existe una solución: El Señor dice, "yo soy tu Dios". Él está con nosotros no ocho horas por día, doce o dieciséis, sino veinticuatro cada día. Cuando Él dice, " te fortaleceré", las palabras significan "estar alerta" o "estar alentado con valor", y añade: "te ayudaré", la palabra "ayuda" significa "intimar". Imagínese usted rodeado por los amantes brazos de Dios. De hecho, cada vez que usted se preocupe, declare: "Estoy rodeado por los amantes brazos de Dios", y vea cómo su preocupación tiende a desvanecerse. Las últimas palabras, "te sostendré" significan apoyar. En música, cuando el director le pide a los cantantes que "sostengan la nota", ellos continúan cantando y cantando hasta acabar con su provisión de aire y quedar exhaustos. Pero Dios no queda exhausto de sostenernos.[16]

Rompa el patrón de preocupación

Una y otra vez, las Escrituras ofrecen respuesta a nuestros temores y preocupaciones. Percátese de los recursos que hay en ellas al respecto, pero, ¿sabe *cómo* romper el patrón de la preocupación en su vida? Me refiero a estrategias prácticas con las cuales usted puede aplicar los principios de las Escrituras a sus preocupaciones específicas. Permítame compartir unas pocas sugerencias que otros han experimentado con éxito, a través de los años.

Haga un juicio correcto de su preocupación. Permítame ilustrarle esto, llevándole hasta mi consultorio. En una ocasión, me encontraba dando terapia a un hombre que tenía una estruendosa tendencia a preocuparse. Había hablado acerca de sus razones para hacerlo, e incluso intentado poner en práctica algunas de mis sugerencias para vencer su dificultad. Yo percibía que él se resistía a abandonar su preocupación. Esto no es inusual; muchas personas se han preocupado por tanto tiempo que han crecido cómodos con su norma negativa de pensar. En realidad es todo lo que conocen. Han experimentado el triunfo de esa forma, y sienten inseguridad de lograr éxito si adoptan un nuevo estilo de pensamiento.

Un día, le indiqué una tarea que lo tomó desprevenido: "Al parecer, la preocupación es parte integral de su vida y está resuelto a mantener esa tendencia. Pero solo lo hace periódicamente durante el día, sin un plan real de preocupación. Fijemos entonces un tiempo diario destinado a preocuparse, en vez de hacerlo arbitrariamente. Mañana, cuando comience a preocuparse acerca de algo, en vez de hacerlo en ese momento, tome nota de ello en una tarjeta, y téngala en su bolsillo. Cada vez que surja una preocupación, escríbala en la tarjeta, pero no se preocupe todavía. Luego, cerca de las cuatro de la tarde, vaya a una habitación donde pueda estar a solas. Siéntese, tome la tarjeta y preocúpese por estos asuntos lo más intensamente que pueda, por treinta minutos. Comience el día siguiente con una nueva tarjeta y haga lo mismo. ¿Qué le parece la idea?"

Me miró fijamente en silencio por varios minutos. "Esta es una de las sugerencias más estúpidas que jamás haya escuchado", me contestó finalmente. "No puedo creer que le estoy pagando para escuchar consejos como estos".

Sonreí y le dije: "¿Es esto realmente muy diferente de lo que usted ya está haciendo? Su comportamiento me dice que le gusta preocuparse, por lo que solo le sugería hacerlo en otro marco de tiempo". Al analizar mi comentario, se dio cuenta que yo estaba en lo cierto: Él realmente *quería* preocuparse. Y hasta que decidiera lo contrario, no había nada que yo pudiera hacer para ayudarlo.

Esto es muy importante: *A menos que juzguemos correctamente nuestra conducta negativa, nunca cambiaremos.*

Este tema tiene que ver con la pregunta que Jesús le hizo al paralítico en el estanque de Betesda: "¿Quieres ser sano? (¿En serio quieres sanarte?)" (Juan 5:6). Debemos tomar algunas decisiones conscientes y honestas acerca de nuestras preocupaciones. ¿Nos gustan o no? ¿Aportan ventajas o desventajas para nosotros? ¿Nuestra vida es mejor con, o sin ellas? Si usted no está seguro, aplique las técnicas de este capítulo y comprométase a no preocuparse solo por un período de dos semanas. Entonces, desde su propia experiencia, decida si prefiere una vida llena de preocupaciones o libre de ellas.

Use un recurso que le cause dolor. He conversado con personas que se preocupaban intensamente, cuyos patrones de pensamiento alcanzaban la obsesión. En unos pocos casos sugerí algo radical para eliminar sus pensamientos negativos.

Una de estas personas era un joven entre veinte y treinta años, el cual se había preocupado tanto que había provocado una úlcera. Le sugerí que se pusiera una gran banda de goma sin apretar alrededor de su muñeca. Cuando comenzara a preocuparse, debería estirarla, alejándola y soltándola para que le golpease dolorosamente. Para él, continuar preocupándose era verdaderamente doloroso.

La semana siguiente vino y me mostró sus tiernas muñecas. Sintió que necesitaba algo radical y que esto era efectivo. Lamentablemente, en su caso fue demasiado tarde. Dos meses después, le fue extirpada la mitad del estómago.

Dígase a sí mismo que debe parar. Durante una sesión de una clase de escuela dominical en la que enseñaba acerca de la preocupación, pedí a los participantes que informasen de una experiencia que les había sugerido la semana anterior, para expulsar la inquietud de sus vidas. Una mujer dijo que comenzó el experimento el lunes por la mañana, y el viernes sintió que el patrón de preocupación que la había molestado por años, finalmente había sido roto.

¿Qué fue lo que logró esta mejora radical? Era un simple método de aplicar la Palabra de Dios en su vida de una nueva forma. He compartido este método con cientos de personas en mi oficina y con miles en mis clases y seminarios.

Tome una tarjeta en blanco y en uno de sus lados escriba la palabra PARAR, en letras grandes y negras. Del otro lado escriba el texto completo de Filipenses 4:6-9. Es interesante notar que Dios dice que guardará nuestros corazones pero *nosotros* debemos cuidar nuestras mentes. Lleve esta tarjeta consigo en todo momento. Siempre que esté solo y comience a preocuparse, tómela, mantenga el lado de PARAR frente a usted y lea esta palabra en voz alta dos veces con énfasis. Luego dé vuelta a la tarjeta y lea el pasaje de las Escrituras de la misma forma.

> *Por nada estéis afanosos; antes bien, en todo, mediante oración y súplica (definiendo vuestro pedido) con acción de gracias, sean dadas a conocer vuestras peticiones delante de Dios. Y la paz de Dios (será vuestra esa paz, esa quietud del alma segura de su salvación por medio de Cristo, sin temer nada de Dios y contentos con vuestra suerte terrenal, sea la que fuere), que sobrepasa todo entendimiento, guardará vuestros corazones y vuestras mentes en Cristo Jesús. Por lo demás, hermanos, todo lo que es verdadero, todo lo digno, todo lo justo, todo lo puro, todo lo amable, todo lo honorable, si hay alguna virtud o algo que merece elogio, en esto meditad (fijen sus mentes en esto). Lo que también habéis aprendido y recibido y oído y visto en mí, esto practicad, y el Dios de paz (de no perturbación ni confusión, bienhechor) estará con vosotros.*

Extraer la tarjeta interrumpe su patrón de preocupación. Pronunciar la palabra "¡Parar!", rompe además, su hábito automático de preocuparse. Luego, leer en voz alta la Palabra de Dios se convierte en un sustituto positivo de la preocupación. Si se encontrara entre un grupo de personas, siga el mismo procedimiento, solo hágalo en silencio.

La mujer que compartió su experiencia con la clase, dijo que el primer día extrajo su tarjeta veinte veces. Pero el viernes, solo tres. Sus palabras fueron: "Por primera vez en mi vida, tengo la esperanza de erradicar mi preocupada forma de pensar".

Otras acciones

El ejercicio es una de las mejores respuestas a la preocupación que usted pueda usar. (¡A menos que continúe preocupándose mientras está ejercitando!) ¿Sabía que el ejercicio actúa como un antidepresivo, reduce la tensión, la frustración y la ira, mejora su sueño, ayuda a su concentración y a mantenerlo alejado de la distracción? Mientras se ejercita, puede recordar las Escrituras, leer (si se está ejercitando en una bicicleta fija), u orar. Puede ayudarle con su peso, presión arterial y ritmo cardíaco. Durante los pasados quince años de ejercicios regulares, mi pulso bajó de ochenta a cincuenta y ocho.

El Dr. Edward Hallowell, siquiatra, ha desarrollado un método llamado EPR. Significa Evaluar, Planificar y Remediar. Si se torna un hábito, puede vencer el ataque de muchas de sus preocupaciones. Es un método que transforma la preocupación en acción, una forma de planificar. Yo sé que algunos tipos de personalidad no se llevan bien con la planificación, pero sin importar quiénes seamos, podemos, y quizás necesitemos hacerlo, para traer más orden a nuestra vida. He aquí algunos ejemplos:

Quizás ha sentido algunos fuertes dolores en la parte baja de su cintura, que vienen y van. Un día están, y al siguiente, no. Pero ese patrón persiste por varias semanas. Luego lee un par de artículos que parecen describir los mismos síntomas, pero el resultado del caso descrito fue cáncer terminal. Después de leer esto, su mente se trastorna, porque han sido plantadas las semillas de la preocupación, que al germinar, hacen que ésta se intensifique. En lugar de crear aflicción, usted puede hacer lo siguiente.

Evaluar: Dígase a sí mismo:

Esta es una nueva condición para mí. El dolor no es abrumador, pero molesto. No me gusta cómo se está desarrollando. No parece irse por sí mismo.

Plan: Desconozco las causas o lo que esto significa. Sé que evito ver a un médico, pero la persistencia de esto indica que necesito hablar con uno.

Remedio: Llame a su médico y haga una cita.

Suena tan simple que casi es insultante. Usted puede pensar: "¡Esto es exactamente lo que hago todo el tiempo!" ¡Magnífico!, pero muchos de los que se preocupan quedan inmovilizados y nunca llegan siquiera a la primera fase, "Evaluar".

Aquí hay otro ejemplo: Se le ha pedido que haga de anfitrión de una reunión en su casa, dentro de dos días. Sin pensar en los quehaceres por hacer, usted accede a ese planteamiento. Al meditar en todo lo que tiene que resolver y en la buena impresión que quiere causar, su cuerpo comienza a ponerse tenso y su mente a preocuparse. Inicia con una tarea, se distrae, luego va a otra. Nada se logra, excepto que cada vez está más molesto.

Evaluar: Es verdad. Se me ha creado un problema. Fui descuidando la casa y está hecha un desastre. Está desordenada y la manera en que estoy tratando de resolver esto, no funciona. Debo hacer algo mejor que lo que estoy haciendo ahora.

Planificar: Bien, la gente estará probablemente solo en tres habitaciones, la sala, el baño y la cocina. Me concentraré en esas tres para limpiar y ordenar. Permaneceré en una habitación hasta que todo esté hecho. De esta forma puedo apreciar el progreso.

Remedio: Comience por la habitación más grande y culmine la labor allí.

La preocupación productiva

¿Alguna vez consideró que una forma de preocupación podría ser productiva? Me gusta llamarlo el *proceso IC* o *Inquietud Constructiva*. En realidad es una prevención de la preocupación y la ansiedad. Encontré un libro escrito por un prestigioso CEO de Intel, una compañía muy exitosa. Andrew Groul escribió *Only the Paranoid Survive*. Es un libro que incita

41

a las personas a triunfar. Él sugiere ser, en vez de no paranoico, *creativamente* paranoico; que preveamos cada posible alternativa, aprendamos de ella, y hagamos algo al respecto. No ignore los problemas reales o posibles, pero sea positivo acerca de su capacidad de tratar con lo negativo.[17]

Haga un inventario de sus preocupaciones. Siempre que se sienta perturbado, utilice todas o algunas de las siguientes sugerencias para ayudarlo a inventariar sus preocupaciones y planificar su estrategia.

1. Asegúrese que su médico le haya hecho un examen físico completo, que haya controlado sus glándulas, deficiencias vitamínicas, alergias, fatiga y programa de ejercicios.

2. Enfrente sus preocupaciones y reconózcalas cuando ocurran. No intente escaparse, porque volverán a atraparlo. No se preocupe por ellas; esto solo logrará agravar el problema.

3. Detalle sus preocupaciones y ansiedades en una hoja de papel. Sea específico y completo mientras las detalla.

4. Describa las razones o causas de su preocupación. Investigue las fuentes. ¿Existe alguna posibilidad de eliminarlas? ¿Lo ha intentado? ¿Qué ha hecho, específicamente?

5. Indique el tiempo que dedica a preocuparse diariamente.

6. ¿Qué ha logrado la preocupación en su vida? Describa en detalle los beneficios de la preocupación.

7. Haga una lista con lo siguiente: a) las formas en que su preocupación ha prevenido que ocurra una situación temida; b) las formas en que su preocupación ha aumentado el problema.

8. Si usted es nervioso o asustadizo, trate de eliminar toda fuente de irritación. Permanezca alejado de ella hasta que aprenda a reaccionar diferente. Por ejemplo, si le preocupan los lamentables sucesos mundiales, no mire tantos noticieros. Use ese tiempo para relajarse leyendo, trabajar en el jardín o montar una bicicleta varios kilómetros. Evite agitarse. Si se preocupa por estar atrasado, planee llegar antes a su destino. Dese más tiempo a sí mismo.

9. Evite cualquier tipo de fatiga, física, emocional o intelectual. Cuando esto sucede, las dificultades inquietantes pueden surgir como una amenaza fuera de proporción.

10. Al involucrarse en una preocupación, ¿es sobre algo que le afecte directamente a usted y su vida, o a otra persona? Recuerde que nuestros temores o preocupaciones con frecuencia pueden ser encubiertos acerca de lo que otros piensan de nosotros.

11. Cuando surge un problema, enfréntelo y decida lo que puede hacer al respecto. Haga una lista de todas las soluciones posibles y decida cuál cree que sea la mejor. Si son decisiones menores, hágalas rápidamente. Dedique más tiempo a decisiones importantes.

La persona que se preocupa dice generalmente: "Doy vueltas una y otra vez sobre los problemas y no puedo decidir qué es lo mejor". Estudie la situación, tome una decisión y una vez hecho esto, no se cuestione ni preocupe por su elección. De otra manera, su patrón de preocupación entrará nuevamente en erupción. Practique este nuevo esquema de tomar decisiones.

¡Es posible librarse de las preocupaciones! Para ello es necesario que practique la aplicación diligente de la Palabra de Dios en su vida. Esto se refiere a un comportamiento repetitivo. Si fracasa, no se rinda. Usted podrá haber practicado la preocupación por muchos años; ahora necesita ejercitar consistentemente la aplicación de las Escrituras por un prolongado período, para establecer por completo un nuevo patrón de conducta, libre de preocupaciones.

Ansiedad

Ira

Depresión

Preocupación

Estrés

Paz

Satisfacción

Autocontrol

Paciencia

Gozo

La
respuesta
a la ira

4

El problema de la ira

I ra. ¡Palabra controversial y malentendida emoción! La cual nos afecta y desconcierta a todos.

Hasta los llamados expertos no logran llegar a un acuerdo. Algunos dicen: "Experiméntela y exprésela". Otros dicen: "Repúdiela y recházala". Pero está con nosotros, nos guste o no. Hemos sido creados con la capacidad de enojarnos.

Un diccionario define la ira como "un sentimiento de fuerte disgusto". ¿Es esta su definición o usted la expresa en otros términos? ¿Cómo la describiría? La definición del diccionario sugiere que la ira es manejable, que es como otros sentimientos, ni mala ni buena en sí misma. El problema radica en su mal uso.

Algunas personas manifiestan su ira igual que un misil orientado térmicamente. No hay aviso; no suena ninguna alarma. Todo está en calma y de repente estalla el misil. El daño puede incluir sentimientos heridos y relaciones distanciadas. Recuperarse de esa embestida furiosa puede tomar días o aun más tiempo.

En otras ocasiones, la ira es una serpiente, arrastrándose inadvertida y silenciosamente por la maleza. Puede levantar la cabeza, haciendo una promesa, pero luego desaparece una vez más, con su promesa olvidada. La ira puede también escabullirse como en el caso de un retraso costoso de alguien lleno de débiles excusas. El mordisco de esta ira, no es tan estruendoso o devastador como un misil, pero los resultados pueden ser similares.

Con demasiada frecuencia relacionamos cualquier expresión de ira con una explosión. ¿Se ha dado cuenta usted de los más importantes sinónimos usados para definirla? Cólera, rabia, furia, hostilidad. Estas palabras pintan el cuadro de la ira fuera de control y corriendo salvajemente. La reflejan de modo destructivo. Algunos de nosotros la identificamos con nuestros recuerdos del héroe de historietas y televisión "El increíble Hulk", una bestia fuera de control, rabiosa, con ira descontrolada. Otros, por el contrario quisieran mantener un estado de compostura emocional como Mr. Spock, el Vulcano carente de emociones de la serie de televisión Star Trek. Él nunca se permitía un acceso de ira.

Con frecuencia, la ira comienza lentamente. Empieza como una leve excitación, e incomodidad. Notamos cambios en nuestro cuerpo, especialmente un sentimiento de tensión. Nuestras pulsaciones se incrementan y se eleva el nivel de adrenalina. Usted lo ha sentido, y yo también. Así ha sido a través de la historia.

Las distintas caras de la ira

La ira muestra varias caras. Moisés estaba lívido de ira por su pueblo hebreo cuando ellos comenzaron a adorar ídolos. Con la energía que proveyó su ira fue capaz de reconquistar el control de su gente. David fue consumido por ella cuando Natán le contó acerca del rico que le robó al pobre. Utilizó su ira para enfrentar su propia altivez y aceptar su pecado. Esta puede utilizarse de forma creativa para resolver problemas sociales importantes.

En los primeros capítulos del evangelio de Marcos encontramos a los fariseos intentando sorprender a Cristo en alguna falta. Una vez Él entró en una sinagoga y vio a un hombre con una mano seca. Los fariseos observaban cada uno de sus movimientos para ver si se atrevía a curarlo. Cristo se dirigió hacia él y dijo: "¡Levántate y ven aquí!" Luego se volvió a los fariseos y les preguntó: "¿Es lícito en el día de reposo hacer bien o mal, salvar una vida o matar? Pero ellos guardaban silencio (ver Marcos 3:1-5).

"Y mirándolos en torno con enojo, entristecido por la dureza de sus corazones, dijo al hombre: Extiende tu mano. Y él la extendió, y su mano quedó sana". Cristo sintió y expresó su ira viendo la injusticia de los fariseos. Estaba frustrado por el hecho de que ellos mantenían su rígida regla humana y ortodoxa como más importante que el sufrimiento de otro hombre.

Elizabeth Skoglund dijo:

> Cristo mismo fue lento para la ira con la mujer sorprendida en adulterio, pues Él conocía su corazón y reaccionó rápidamente contra sus acusadores, ya que también conocía los pensamientos internos de ellos. Mostró enojo contra sus discípulos cuando trataron de mantener a los niños alejados de Él y por otra parte, fue compasivo con las multitudes que le aprisionaban. Con ira violenta echó a los cambistas del templo, sin embargo, demostró un leve disgusto cuando los discípulos durmieron mientras Él oraba en el Jardín de Getsemaní.
>
> El ejemplo más significativo de lentitud de ira en la historia de la humanidad, fue demostrado hace dos mil años atrás por Jesús. Cristo, el Dios hecho hombre crucificado por el capricho de una muchedumbre alborotada y la debilidad de aquellos que estaban en autoridad, oró con agonía y autenticidad: "Padre,

perdónalos, porque no saben lo que hacen" (Lucas 23.34). Su profunda comprensión de la importancia de lo que hacía, contrastaba con la total ignorancia de la multitud. Su sensibilidad al respecto y la condición de ellos le permitió ciertamente aminorar su enojo.[18]

Jesús experimentó ira y se sintió libre de demostrarla. La expresó clara y *constructivamente*.

La injusticia involucra la violación de lo que es moral o correcto, de los derechos de otra persona o incluso, de los personales. Esto se percibe por todas partes a nuestro alrededor. La ira es una respuesta frecuente y potencialmente sana a la injusticia. Abraham Lincoln, Gandhi y Martin Luther King Jr., son ejemplos de hombres en los cuales una injusticia podía desencadenar una respuesta iracunda. En su proceder se demostraba que la energía de la ira, podía usarse en forma positiva. Cuando nuestra ira es canalizada hacia una justa indignación, puede ayudarnos a reconocer la injusticia. Entonces estamos en capacidad de extender nuestros brazos en actos desinteresados hacia los oprimidos y maltratados, para corregir lo equivocado, construir en vez de destruir, atacar el problema y no a la persona.

La ira positiva

Una madre que primero lloró y luego se perturbó por la muerte de un hijo causada por un conductor ebrio, fundó MADD (Mothers Against Drunk Driving) (Madres contra conducción en estado de ebriedad). Su ira, utilizada acertadamente, condujo a la creación de una organización que ahora promueve leyes y programas de conciencia, para eliminar de las carreteras a los conductores ebrios.

La ira puede usarse positiva y creativamente de muchas formas. Pudiera ser parte del proceso de dolor que sigue a una pérdida.

Detallamos a continuación algunos ejemplos en los cuales la ira fue usada positivamente:

- El familiar de una víctima de un accidente *convenció* al capellán del hospital para que estableciera procedimientos nuevos y mejorados, en beneficio de quienes enfrentaban la pérdida de seres queridos en accidentes repentinos.
- Un padre *propuso* colocar carteles de advertencia en el estanque donde se ahogó su hijo, para contribuir a la disminución de incidentes similares.
- Una abuela *solicitó* que los padres de víctimas de cáncer fueran provistos de información escrita al respecto, así como ubicaciones de grupos de apoyo.
- Un adulto que perdió a su padre anciano, *organizó* programas para un hogar local de convalecencia.
- Una madre joven, que perdió a su hija en edad preescolar *pidió* donaciones de juguetes para distribuirlos en una sala de pediatría local.

Note solamente los verbos utilizados en los ejemplos anteriores: convenció, propuso, solicitó, organizó, y pidió. Estas palabras reflejan cómo estas personas no solo reorientaron su ira, sino que al hacerlo consiguieron alivio y un sentido de control a sus vidas.[19]

El problema con la ira

La ira no muestra un rostro feliz sino desagradable. Tenga en cuenta algunos de los resultados destructivos de esta emoción. Las personas parecen ir a los extremos en la demostración de su ira, tanto externa como internamente. Exteriorícela demasiado y destruirá a otros; reteniéndola, nos destruirá.

No solamente Caín abusó de esta emoción, sino también Esaú, Saúl, los fariseos, Atila el Huno, Adolfo Hitler y otros

51

gobernantes en la mayoría de las naciones del mundo. Nuestra historia es un trágico drama de hostilidad y dominación.

¿Sabía usted que la ira es un motivador? Lo puede motivar a odiar, lastimar, aniquilar, despreciar, detestar, calumniar, maldecir, arruinar y demoler. Cuando nos mueve la ira, podemos ridiculizar, humillar, avergonzar, criticar, vociferar, pelear, aplastar, ofender, e intimidar a otra persona, incluso adoptar actitudes de burla y venganza. Todo esto aporta muy poco en la creación de relaciones.

Examine algunas de las palabras y frases que las personas utilizan para describir experiencias y expresiones de ira:

agitado	de mal carácter	frustrado	ofensivo
animosidad	de mala voluntad	furioso	ofensor
amargado	desdeñoso	gruñón	porfiado
airado	disgustar	hostil	provocador
congestionado de rabia	desfogarse	insolente	perturbado
criticón	despechado	intencionado	quejoso
caprichoso	enfurecido	irritante	repulsivo
contrariado	enfurecer	lleno de odio	resentido
celoso	exasperante	loco	rencoroso
controvertido	enojoso	malicioso	sarcástico
despierto	enfurecido	menospreciar	susceptible
de mala gana	exasperar	molestoso	temperamental
desdeñar	envidioso	malhumorado	vicioso
disgustado	fastidioso	miserable	viperino

La primera vez que vimos los efectos de la ira en las Escrituras, fueron muy destructivos. " Pero a Caín y su ofrenda no miró con agrado. Y Caín se enojó mucho y su semblante se demudó. Entonces el Señor dijo a Caín: ¿Por qué estás enojado...?" (Génesis 4:5,6).

Caín estaba molesto con su hermano porque el sacrificio de Abel fue aceptado y el suyo no. Experimentó ira internamente y el resultado fue un asesinato (Génesis 4:8). Fue separado de su hermano, de las otras personas y de Dios. Su ira lo llevó al homicidio y a una extrema soledad.

Casi todo en la vida tiene un precio. Vaya a cualquier negocio y raras veces encontrará algo que sea gratis. Comprar un automóvil nuevo puede producir regocijo, comodidad y prestigio, pero eso cuesta. Dar rienda suelta a nuestra ira puede ser un alivio, e influir hasta controlar una situación, pero también tiene un precio. Algunos de los costos pueden parecer obvios, por ejemplo, tirantez en relaciones (resistencia o rechazo de otros al acercarnos a ellos). Pudiera ser una relación matrimonial llena de tensiones, con cónyuges que ahora son más rivales que amantes. Aunque existen costos personales sicológicos respecto a la ira, el precio más grande que deberá pagarse es en nuestras relaciones personales.

La ira posee un lugar, dado que a veces es constructiva, pero generalmente es todo lo contrario. Nuestra ira, expresada desconsideradamente, pasará por encima del amor, la atención y el aprecio que crean la intimidad en las relaciones. La persona que tiene reputación de iracunda verá que prontamente será evitada por todos. También el libro de los Proverbios recomienda: "No te asocies con el hombre iracundo; ni andes con el hombre violento, no sea que aprendas sus maneras, y tiendas lazo para tu vida".

Estas son palabras fuertes. Pero las Escrituras están describiendo a una persona exaltada, que estalla a la menor provocación.

La ira levanta barreras. Conduce a la agresión, no la disminuye. Cada expresión de ira añade más leña al fuego. Puede ser una emoción muy desconcertante. Usted puede sentir temor de su propia ira, pues ha visto a otras personas con esta emoción totalmente fuera de control. Ellos no solo han experimentado ira; han llegado al punto de la furia. Quizás piense que las personas saludables no tienen ira, o sienta que no tiene el derecho de proyectar este sentimiento hacia los demás.

La Biblia y la ira

La Palabra de Dios tiene mucho que decir acerca de la ira, y utiliza ciertas palabras para describir los distintos tipos existentes. En el Antiguo Testamento la palabra usada para ira en realidad significaba "fosa nasal" o "nariz". (En la antigua sicología hebrea, se pensaba que la nariz era el asiento de la ira.) La frase "lento para la ira" literalmente significa "de nariz grande". Sinónimos para la ira usados en el Antiguo Testamento incluyen malhumor y rabia (Ester 1:12), rabia incontenida y furia (Amós 1:11) e indignación (Jeremías 15:17). La emoción de la ira puede ser tema de las Escrituras aun cuando la palabra exacta no esté presente. La ira puede estar implícita a través de vocablos tales como venganza, maldecir, celos, bufar, temblar, gritar, delirar, y crujir los dientes.

Varias palabras son utilizadas en el Nuevo Testamento para la ira. Es importante notar las diferencias entre ellas. Muchas personas llegaron a la conclusión de que las Escrituras se contradicen a sí mismas, porque en un versículo se nos enseña a no tener ira y en otro se nos aconseja "tener ira y no pecar". ¿Cuál es el correcto y cuál deberíamos seguir?

Una de las palabras usadas con mayor frecuencia en el Nuevo Testamento es *thumas*. Describe la ira como una turbulenta conmoción o una hirviente agitación de sentimientos. Este tipo de ira se enciende en una súbita explosión. Es un estallido de indignación interna y se asemeja a un fósforo que se enciende rápido, pero se quema prontamente. Este tipo de ira es mencionado veinte veces en pasajes tales como Efesios 4:31 y Gálatas 5:20 y debe ser controlado.

Otro tipo de ira, mencionado solamente tres veces en el Nuevo Testamento (y nunca de un modo positivo) es *parogismos*. Esta es una ira que ha sido provocada. Se caracteriza por irritación, exasperación o amargura.

No se ponga el sol sobre vuestro enojo (exasperación, furia o indignación).

Efesios 4:26

Y añado: ¿Acaso Israel no sabía? (¿Los judíos no fueron advertidos que el evangelio debía alcanzar a todos los gentiles, a toda la tierra?). En primer lugar, Moisés dice: Yo os provocaré a celos con un pueblo que no es pueblo; con un pueblo sin entendimiento os provocaré a ira.

Romanos 10:19

La palabra más común para ira en el Nuevo Testamento es *orge*. Fue usada cuarenta y cinco veces y significa una actitud asentada y duradera, más lenta en su ataque pero de mayor duración. Con frecuencia incluye venganza. Este tipo de ira es similar a los carbones de una parrilla que lentamente se calientan al rojo y luego al blanco, manteniendo la temperatura hasta que la cocción haya terminado.

Hay dos excepciones en las cuales esta palabra fue usada y no incluyó la venganza. Marcos 3:5 registra a Jesús mirando a los fariseos con ira.

Efesios 4:26 nos exhorta a "tener ira y no pecar". Este es uno de los pasajes (al igual que Marcos 3:5) en los que la ira es lícita. La palabra "ira" en este versículo significa una que es un hábito permanente y establecido en la mente, que despierta bajo ciertas condiciones. No hay venganza. Usted está consciente de este tipo de ira y está bajo control. Hay una legítima razón para sentirla. Su poder de razonamiento está envuelto y, cuando un cuidadoso fundamento está presente, una ira como esta es apropiada. Las Escrituras no solo la permiten sino que en algunas ocasiones ¡la demandan! Quizás esto suene extraño a aquellos que por años han pensado, que la cólera es algo totalmente negativo. La Palabra de Dios establece que *debemos* tener ira!

Pablo, en realidad, encomendó a los corintios mostrar su indignación contra el creyente que se había casado con su propia madre (ver 2 Corintios 7:11). Esta es una ira justa. No es pecaminosa si está bien dirigida. Una ira semejante debe ser una actitud establecida y permanente de justa indignación contra el pecado, acoplada con una acción apropiada.

La ira justa

Existen *tres características principales* de la ira justa.

Primero, debe ser *controlada*. No es una pasión caliente y desenfrenada. Aun si la causa es lícita y está dirigida hacia una injusticia, la ira descontrolada puede causar un error de juicio e incrementar la dificultad. La mente debe estar en control de las emociones, para que no pierda la capacidad de razonar. "Tener ira y no pecar". Quizás la manera en que pueda lograrse esto, está relacionada con las enseñanzas bíblicas en Proverbios 14:29 y 16:32 de "ser lento para la ira". Este tipo de cólera no es un resultado directo de una frustración inmediata.

Segundo, *no debe haber odio, malicia o resentimiento*. La ira que alberga un contraataque solo complica la situación. Quizás el mejor ejemplo acerca de cómo responder, sea la reacción de Jesús a las injusticias en Su contra.

> *Y quien cuando le ultrajaban, no respondía ultrajando; cuando padecía, no amenazaba, sino que se encomendaba a aquel que juzga con justicia.*

> 1 Pedro 2:23

> *Amados, nunca os venguéis vosotros mismos, sino dad lugar a la ira de Dios, porque escrito está: Mía es la venganza, yo pagaré, (recompensaré) dice el Señor.*

> Romanos 12:19

La característica final de la justa ira es que *su motivación es desinteresada*. Cuando la motivación es egoísta, con frecuencia están envueltos el orgullo y el resentimiento. La ira debe ser dirigida no al mal que se ha recibido, sino a la injusticia hecha a los demás. El tema básico global de las Escrituras concerniente a la ira es que será parte de la vida. No está para ser negada sino controlada. Ciertos tipos de enojos no son saludables y deberían ser desechados. La ira debería surgir contra injusticias bien definidas y usada entonces apropiadamente.

¿Cuál es el tipo de ira que usted experimenta? ¿Cómo la define? ¿Cómo la clasificaría en la medida que lee estas definiciones? Tómese ahora mismo un par de minutos y piense en algunos ejemplos de estos tipos de ira en su propia vida. Escriba acerca de la situación y circunstancias y describa el resultado de esta ira. Evalúe cómo se sintió en ese momento y la reacción de los demás hacia usted.

La ira puede ser constructiva. Créalo o no, la ira es un regalo de Dios. Puede ser usada con buenos propósitos, si es expresada apropiadamente. Y cuando la energía de esta emoción es reencauzada constructivamente, usted se beneficia de ello.

5

Comprenda su ira

¿Cómo puede la ira ser beneficiosa en vez de destructiva? ¿De qué formas puede esta importuna y potencialmente destructiva emoción considerarse un regalo útil, en vez de un misil a evitarse totalmente? Hay ciertos factores que nos ayudan a comprender el potencial positivo de la ira.

Dios tiene ira, y debido a que hemos sido creados a Su imagen, contamos con ella también. No es una emoción perversa, ni es en sí misma destructiva. Tampoco es peligrosa en todo momento. Lamentablemente, muchas personas confunden la emoción de la ira con la forma en la que algunos eligen *expresar*la. Otros la confunden con la agresión. En realidad no son la misma cosa. La primera es una emoción; la segunda, una acción.

Cuando no comprendemos nuestra ira y perdemos el control sobre ella, esto nos puede conducir a conductas agresivas que son pecaminosas, dañinas, destructivas y hasta mortales. Pero la *emoción en sí* de la ira no es el problema. La problemática radica en la *mala administración y comprensión de la misma*. El problema es la inmadurez emocional del individuo, quien permite ser controlado por la energía de la cólera.

No somos capaces de controlar cuándo o cómo experimentamos ira, pero con la ayuda de Dios podemos aprender a elegir cómo interpretar y expresar esa emoción. Debido a que Él nos ha hecho criaturas racionales, somos libres de determinar cómo responderemos a sucesos exteriores. En realidad, poseemos más control del que somos conscientes. Con frecuencia nuestras pasadas experiencias, recuerdos y patrones de respuesta tienden a impedirnos que ejercitemos ese control. Sin embargo, con inteligencia, tiempo y práctica podemos superar estas influencias y desarrollar hacia nuestra ira respuestas constructivas y saludables.

La ira: Una emoción secundaria

La ira es un signo de advertencia, un indicio para sostener nuestras actitudes. Está destinada a ayudarnos a detectar las que sean impropias y potencialmente destructivas.

La ira puede ser la primera emoción de la cual nos damos cuenta, pero raramente es la primera que experimentamos en una situación particular. Las emociones que con mayor frecuencia preceden al enojo son *temor*, *dolor* y *frustración*. No son solamente dolorosas sino que también nos quitan energías y aumentan nuestro sentido de vulnerabilidad.

A temprana edad muchos de nosotros hemos aprendido que la ira puede desviar nuestra atención de esas dolorosas emociones. Si yo me enojo, puedo evitar o por lo menos disminuir mi dolor. Tal vez pueda incluso influir o cambiar la fuente de mi cólera. No nos toma mucho tiempo aprender que es más fácil sentir ira que dolor. La ira provee un incremento de energía y puede disminuir nuestro sentido de vulnerabilidad.

Lamentablemente, la gran mayoría de las personas nunca se percatan de que la ira, al igual que la depresión, son simplemente formas de mensajes que enviamos a nosotros mismos.

Cuando una persona padece *dolor*, ya sea rechazo, crítica, sufrimiento físico o emocional, experimentar ira es una reacción muy normal a ello. Devolvemos el golpe y respondemos al ataque de aquello que consideramos nos está causando el sufrimiento.

¿Recuerda cuando Jesús miró a los fariseos con ira? El pasaje declara que Él estaba "... entristecido por la dureza de sus corazones" (Marcos 3:5). En ese momento sentía dolor.

Otra causa de ira es la *frustración*. (Luego hablaré más acerca de esto.)

El *temor* también causa ira. Cuando tememos algo, con frecuencia no nos mostramos temerosos; en su lugar, nos enojamos. Por algún motivo, la ira es más cómoda que el temor. Quizás sea porque estamos más a la ofensiva que a la defensiva. Cuando usted tiene temor y actúa con ira, confunde a los demás a su alrededor, ya que no les está expresando lo que realmente siente en su interior, por lo que todo lo que ellos pueden hacer es responder a su enojo. Lamentablemente, en la mayoría de los casos la ira engendra ira.

Analice el ejemplo del esposo que vuelve todos los días del trabajo a su casa a las 6:00 de la tarde. Un día se atrasa. Son las 6:40, las 7:00, las 7:30 de la noche y ni una palabra de él. Todo ese tiempo su esposa siente que aumenta su preocupación, inquietud y temor. Comienza a pensar que algo terrible le ha sucedido. Finalmente, cerca de las 8:00 de la noche, él aparece, anuncia que ha llegado a casa y pregunta si ha quedado algo para cenar. En vez de ir hacia él y compartirle su temor e inquietud, ella le responde: "Y bien, ¿dónde has estado? ¡Eres un desconsiderado al no avisarme que ibas a tardar!" Es muy probable que usted recuerde situaciones similares.

Cuando sienta ira, hágase estas preguntas: ¿Me siento dolido? ¿Siento frustración por algo? ¿Cuál es la razón? ¿Temo algo en este momento? Escriba esto en una tarjeta de 7 x 12 centímetros y llévela consigo como recordatorio.

Si está con una persona enojada, en vez de enojarse usted por la cólera de él o ella, quizás pueda preguntarle, con sensibilidad y compasión: "¿Te sientes dolido(a) por algo en este momento? ¿Estás frustrado(a) por algo? ¿Sientes algún temor?"

Los diferentes disfraces de la ira

No siempre reconocemos la ira porque se manifiesta de diferentes formas, no es en todo momento una fuerte respuesta física o verbal. ¿Cuáles son algunos de sus disfraces más comunes? Cuando envidiamos, despreciamos, insultamos y tratamos a otros con desdén, o cuando nos sentimos molestos, ofendidos, amargados, hartos o rechazados, probablemente estemos sintiendo algún tipo de cólera. Ciertas personas están airadas cuando se vuelven sarcásticas, tensas, o de mal humor; o cuando sienten frustración, exasperación o indignación. La ira también puede manifestarse como crítica, silencio, intimidación, hipocondría, quejas, depresión, chisme, y culpabilidad.

Aun comportamientos como terquedad, esfuerzos desanimados, olvidos y vagancia pueden ser evidencias de un espíritu iracundo.

¿Alguna vez ha manifestado u observado algunas de estas respuestas?

- Bromear; ocultar tras el humor o ridiculizar intencionalmente con dolorosos comentarios.
- Actuar confundido; usted finge no entender a otra persona o está realmente confundido.
- Aparentar cansancio; usted actúa en forma cansada para evitar el contacto con otra persona, estando de acuerdo con todo. Hace comentarios pasivos con un cierto tono de voz como por ejemplo: "Seguro..." "Como quieras..." etc.
- No escuchar, simular que no ha escuchado lo que la otra persona dijo.

- Ser torpe, usted "accidentalmente" rompió algo a propósito.

Nosotros llamamos a esto respuestas agresivas pasivas. ¡Y si son utilizadas contra usted, son muy irritantes! Una parte importante del aprendizaje de cómo hacer que nuestra ira trabaje para nosotros, es ser capaz de reconocer las diferentes máscaras o disfraces de la misma.

Admita su ira

¿Cuándo fue la última vez que usted admitió que estaba furioso? ¿Cómo se sintió? ¿Se sintió algo avergonzado o turbado? ¿Alguna vez deseó estar al frente de su congregación el domingo y admitir que tiene ira? ¡No lo creo! Una razón por la que la ira nos es tan difícil de manejar, es que no nos sentimos cómodos admitiendo que somos iracundos.

Esto es una realidad, especialmente para muchos cristianos que creen que toda ira es signo de inmadurez espiritual y debilidad. Cuando ellos reconocen su ira, generalmente se describen a sí mismos como desalentados, frustrados, tristes, preocupados, depresivos, molestos o irritados. ¿Alguna vez le ha sucedido? Esto es mucho más fácil que mirar a alguien derecho a los ojos y decirle: "Estoy furioso".

Lo que hace aun más difícil enfrentar la ira, es que frecuentemente la causa de nuestro enojo es algo tonto o sin importancia. Todos hemos sentido ira por cosas triviales. En una u otra ocasión cada uno de nosotros hemos reaccionado de forma exagerada ante algo que era claramente insignificante.

Sus tres opciones

Una vez que una persona descubre que es iracunda, ¿cómo puede tratar esa ira? ¿Cuáles son las opciones que se le presentan?

Existen tres formas básicas de lidiar con la ira.

Una es *reprimiéndola;* nunca admitir que está enojado, simplemente ignorar su presencia. Esta represión frecuentemente es inconsciente, ¡pero *no es saludable*! Reprimir la ira es como poner un cesto de basura lleno de papeles en un armario y encender fuego en él. El fuego se consumirá a sí mismo o pondrá toda la casa en llamas. La energía producida por la ira no puede ser destruida. Deberá transformarse o dirigirse hacia otro canal.

Salidas para la ira reprimida son los accidentes. Quizás usted haya conocido personas que son propensas a ellos. Desgraciadamente, sus accidentes pueden también involucrar a otros. Un hombre que siente ira puede cerrar de golpe una puerta sobre su propia mano o la de otro. Podría estar lavando ventanas para su esposa cuando prefiere en realidad ver un juego por televisión y atravesar con su puño la ventana. Su forma de conducirse puede indicar su enojo cuando él "accidentalmente" pasa por encima de los rosales.

La ira reprimida puede fácilmente exigir tributo de su cuerpo proporcionándole un cruel dolor de cabeza. Su sistema gastrointestinal, ese tubo de aproximadamente diez metros que se extiende desde la boca hasta el recto, reacciona adversamente ante la ira contenida. Usted puede sentir dificultades al tragar, náuseas y vómitos, úlceras gástricas, estreñimiento o diarrea. La causa más común de colitis ulcerada es la ira contenida. La ira reprimida puede afectar a la piel a través de picazón, neurodermatitis, etc. Desórdenes respiratorios como el asma también son efectos comunes, y el rol de la ira en la trombosis coronaria es plenamente aceptada.

En cierto momento y de alguna forma, la ira ignorada o enterrada se expresará, física, sicológica o espiritualmente. En otras palabras, habrá una resurrección de su ira, pero no estará en control de la misma.

¿Cuáles son algunos de los costos a largo plazo por ignorar la ira? Un estudio a diez mil personas por un período de doce años, reveló que aquellas que reprimieron la ira, tuvieron más del doble de probabilidades de morir de un ataque cardíaco, que los que la expresaron en forma saludable. Otro estudio de veinticinco años mostró que las personas con altos índices de hostilidad tuvieron una mayor incidencia de enfermedades cardíacas y cinco veces más probabilidades de morir a los cincuenta años de toda clase de enfermedades. Otra investigación por un período de veinte años relacionó los altos índices de hostilidad no solamente con aumento de enfermedades coronarias sino también con una creciente incidencia de cáncer, accidentes y suicidio.[20]

En un importante estudio hecho con las víctimas del cáncer, se encontró que existen seres humanos propensos al mismor; que cierta combinación de características hacen que determinadas personas sean especialmente vulnerables a esta enfermedad. Algunas de ellas incluyen la tendencia a guardar rencores y una incapacidad o falta de voluntad para perdonar.

En su libro *Free for the Taking*, el misionero Joseph Cooke describe cómo intentó suprimir su ira:

Nunca es bueno reprimir nuestros sentimientos. Esto es comparable a tapar una válvula de ventilación en una caldera. Cuando el vapor es tapado por un lado, saldrá por otro. De lo contrario todo estallará en su propia cara. Y los sentimientos reprimidos actúan similarmente. Si usted, por ejemplo, se traga su ira, esta con frecuencia se expresará de otra forma, más difícil de manejar. Se transforma en resentimiento, compasión de sí mismo, depresión, o viles e hirientes observaciones...

Las emociones contenidas no solamente buscan otras vías desagradables de desahogo, sino también crean presión hasta que simplemente estallan, y al hacerlo, casi siempre alguien sale herido. Recuerdo que por años luché para que mis emociones estuvieran bajo control. Una y otra vez, cuando ellas afloraban, yo las dominaba en mi intento de lograr lo que parecía un espíritu lleno de gracia...cristiano. Finalmente había engañado casi a todos y hasta en cierta medida, a mi propia esposa. Esto era una falsedad... Llegó el momento cuando en un colapso emocional todo estalló en mi cara. Las cosas que habían estado enterradas tanto tiempo salieron a la luz. Francamente, no hubo sanidad, recuperación y edificación de una nueva vida para mí, hasta que todos estos sentimientos fueron clasificados y aprendiera a reconocerlos tal como eran, los aceptara y encontrara alguna forma de expresarlos honesta y no destructivamente.[21]

La ira y la depresión están entre los problemas más comunes de aquellos que buscan consejería profesional. Además, no son problemas nuevos. A través de la historia bíblica, los grandes hombres de Dios no escapaban a esas emociones. Jonás es quizás el ejemplo clásico. Fue enviado por Dios para advertir al pueblo de Nínive acerca de sus pecados. Él efectuó su tarea con éxito, hasta el punto que el rey de Nínive se apartó de sus pecados y ordenó a su pueblo hacer lo mismo. En consecuencia, "se arrepintió Dios del mal que había dicho que les haría, y no lo hizo" (Jonás 3:10).

El relato bíblico continúa diciendo: "Pero esto desagradó a Jonás en gran manera, y se enojó".

Y oró al Señor, y dijo: ¡Ah Señor! ¿No era esto lo que yo decía cuando aún estaba en mi tierra? Por eso me anticipé a huir a Tarsis, porque sabía yo que tú eres un Dios clemente y compasivo, lento para la ira y rico en misericordia, y que te arrepientes del mal con que amenazas. Y ahora, oh Señor, te ruego que me quites la vida, porque mejor me es la muerte que la vida. Y el Señor dijo: ¿Tienes acaso razón para enojarte? Entonces salió Jonás de la ciudad y se sentó al oriente de la misma (Jonás 4:1-5).

No obstante, no todo le salió bien a Jonás; deprimido, se sienta debajo de una vid. Esta se secó y el calor del sol se tornó intenso. Entonces, en un último diálogo con Dios, Jonás declara: "Tengo razón para enojarme hasta la muerte". (Jonás 4:9). La ira exteriorizada hizo que Jonás buscara la fresca comodidad de la vid, pero luego esta se volcó hacia sus adentros y se convirtió en depresión. Por un momento Jonás estaba contento de estar simplemente sentado y "escondido" y un poco más tarde, deseaba, verdaderamente pedía la muerte.

La depresión y la ira generalmente no se vinculan con claridad en las Escrituras, sin embargo son presentadas como emociones aceptables cuando se manejan de forma responsable.[22]

La segunda forma de tratar la ira es *suprimiéndola*.

Una persona es consciente de su ira pero elige mantenerla en su interior e impedir que otros se percaten de su condición. Esto puede ser sabio en algunas situaciones, pero finalmente, la ira necesita ser reconocida y evacuada de una manera saludable. Pero la persona que *siempre* «engulle» su ira muestra un caso triste. El constante esfuerzo de mantenerla en su interior es un gran derroche de energía.

Aunque su exterior alegre y sonriente los hace ver distintos, los *engullidores* son generalmente personas muy infelices. Algunos engullidores literalmente se atiborran a sí mismos comiendo enormes cantidades de alimentos, en parte como una forma de castigarse a sí mismos por el "pecado de la ira" (cuando la perciben).

Con frecuencia alguien elige suprimir su ira si la persona que la provoca reacciona con mayor fuerza o autoridad. Por ejemplo, un empleador llama a uno de sus empleados. Con gran enfado lo confronta acerca de un problema. El empleado siente que su propia ira comienza a surgir, pero comprende que si la expresa a su jefe, podría perder su trabajo. Por lo tanto suprime su cólera hasta que llega a su casa.

Su esposa le saluda al entrar y él le contesta con un gruñido irascible. Esto la sorprende. Ella reacciona contestándole bruscamente o siguiendo el previo ejemplo de su esposo, conteniendo su ira. Pero entonces entra su hijo adolescente y ella suelta su contenido enojo sobre el desprevenido muchacho. Este descarga su enojo en su hermano menor, el cual a su vez le da un puntapié al perro. Este muerde al gato, el cual araña a la niña de tres años, ¡la que descarga su frustración arrancándole la cabeza a su muñeca!

Este simple proceso de dirigir su ira hacia una persona menos peligrosa se llama *desplazamiento*. Puede que le ayude por un momento, pero pudiera generar una larga cadena de sucesos que infectan las vidas de otros como una epidemia.

La culpa es otra razón para una ira desplazada. Si usted está furioso con su madre pero cree que esto no es correcto, puede encontrarse estallando en furia ante otras mujeres de edad. O puede usar el desplazamiento para evitar humillarse. Usted viaja con su esposo y trata de hacer un millaje específico en un día. Hace un giro incorrecto y conduce cincuenta millas en dirección equivocada. Usted proyecta entonces la culpa sobre su esposo y lo acusa de haberla guiado mal. (¡Por supuesto todos sabemos que los hombres no preguntan acerca de direcciones!)

En su lugar, es mejor tratar el problema directamente. Si no está de acuerdo con su empleador acerca de procedimientos de la oficina, la solución no es quejarse a su esposa u otro empleado sino hablar con el jefe e intentar resolver el problema. Si esto no es práctico, entonces deberá resignarse a esta situación y encontrar otras salidas constructivas para su enojo cuando aparezca. Lo ideal es ensayar varias respuestas a la causa de su frustración.

Si la causa de su ira no es admisible, el problema está en usted. Si se enoja con su esposa porque no le cocina de la forma en que lo hacía su madre, ¡entonces será mejor que vaya reconociendo que su esposa no es su madre! Permítale desarrollar sus propias cualidades culinarias e intentar algunas recetas nuevas. Entonces aprenda a transigir con algunas de sus expectativas.

¿De qué forma pueden resolverse o ventilarse intensos sentimientos negativos sin volcarlos sobre el culpable? ¿Existen vías de descargar emociones reprimidas?

Usted puede:

- Hacer de la irritación un tema de oración.
- Explicar sus sentimientos negativos a una tercera persona madura y comprensiva, que pueda ofrecer consejo y guía.
- Dirigirse a un ofensor y mostrar un espíritu de amor y perdón.

Comprenda que con frecuencia Dios permite que ocurran los sucesos más frustrantes e inquietantes para enseñarnos paciencia y ayudarnos a crecer.

No obstante, suprimir la ira tiene su mérito, especialmente si le ayuda a relajarse, serenarse y comenzar a actuar de una manera racional. La Palabra de Dios tiene algo que decir respecto a este tipo de supresión:

> *El lento para la ira tiene gran prudencia, pero el que es irascible ensalza la necedad.*

Proverbios 14:29

Este hombre es uno que en realidad suprime la contienda en su comienzo, para que no estalle.

> *Mejor es el lento para la ira que el poderoso, y el que domina su espíritu que el que toma una ciudad.*

Proverbios 16:32

> *La discreción del hombre le hace lento para la ira, y su gloria es pasar por alto una ofensa.*

Proverbios 19:11

> *El necio (confiado en sí mismo) da rienda suelta a su ira, pero el sabio la reprime.*

Proverbios 29:11

Este pasaje significa que la persona no da licencia desenfrenada a su furia sino que sosiega y la pone en último plano. Esto también significa que la ira ha sido superada.

Entonces (Nehemías) me enojé en gran manera cuando oí su clamor y estas palabras. Se rebeló mi corazón dentro de mí, y contendí con los nobles y con los oficiales. (Nehemías 5:6,7.) Una versión traduce este versículo como "Me pregunté a mí mismo".

La persona que practica y ejercita el autocontrol encontrará que en realidad su nivel de ira decrece. No sentirá más cólera; es como si sencillamente se hubiera desconectado de su primera reacción. Una calmada consideración de los motivos de su enojo y los resultados del mismo, le ayudarán a manejar apropiadamente la situación.

Expresar su ira es la tercera forma de lidiar con ella. Algunas personas piensan que usted debería expresar exactamente cómo se siente, sin importar qué o quién está involucrado. Ellos sienten que esto es sicológicamente saludable y necesario para vivir una vida balanceada.

Existen muchas formas diferentes de expresar ira. La peor es reaccionar con pasión violenta, gritando palabras ásperas y maldiciendo; cargado de emocionalismo.

La vía seleccionada para expresar ira es una forma de comunicación. Cuanto más éxito tenga en comunicarse de cierta forma, más grande es la posibilidad de continuar así. Si usted fue estimulado a ser iracundo (conseguir lo que desea), entonces lo más probable es que continúe expresándose de esta manera.

Expresar ira produce resultados. Sin embargo, las investigaciones demuestran que "dejar salir o expresar plenamente" su ira de una manera purgante, no reduce su frustración; con frecuencia, en cambio, lo deja más tenso. Las explosiones iracundas invitan a la represalia.

Expresar ira significa que con mucha probabilidad lo hará otra vez de la misma forma. Usted podrá dejarla salir, pero no se quedará afuera. Cuando expresa su ira, no se está purgando de ella sino en realidad la está practicando. Permitir que se exteriorice totalmente, en realidad conlleva a una retroalimentación. Este proceder causa el rechazo de los demás, en vez de ser atraído hacia ellos.[23].

Esto *puede* traer resultados, pero no del tipo que usted desea. Si se ha tomado la libertad de reaccionar así, ¿no debería la otra persona tomarse también la suya para hacer lo mismo?

Pero podría también expresar su ira montando su bicicleta y dando vueltas a la manzana, cavando en su jardín por una hora o golpeando una almohada rellena. Algunas de estas personas son llamadas *personas activas*. Usted puede detallar por escrito cómo se siente cuando está enojado, en especial si le es difícil expresar sus sentimientos verbalmente. Estos métodos pueden sonar extraños, pero no deberían desestimarse. Han sido utilizados para ayudar a muchas personas a vencer sus dificultades con la ira.

Si tanto usted como su cónyuge están enojados, si se estuvieran liberando de la ira a través de métodos físicos, es mejor hacerlo de forma individual. Por alguna razón, el enojo desaparece más rápido.

No obstante, lo que deben tener en cuenta las *personas activas* habituales, es que aunque golpear una pelota de tenis, lustrar un piso, o trabajar en una apasionante costura pareciera hacerles sentir mejor, raras veces estas actividades están relacionadas directamente con la causa de su ira.

Todos pueden y probablemente deberían ser *personas activas* en algún momento, pero si su única manera de manejar la ira es a través de una actividad física, hágase a sí mismo las siguientes preguntas de vez en cuando: ¿Con quién estoy enojado y por qué? ¿Cómo puedo cambiar las cosas y sentirme mejor?

6

$\mathcal{I}ra$ $bajo$ $control$

Una de las mejores razones para no encolerizarse es que la ira en realidad le impide a una persona resolver los problemas. Ella no es una solución para la frustración sino una reacción a la misma. Si su cónyuge está insistiendo en analizar sus relaciones matrimoniales o pasar más tiempo con los hijos, la solución es hablar de ello. Averigüe cómo se siente realmente su pareja y haga todo lo que esté a su alcance para enriquecer la relación.

Si a usted no le gustan las condiciones de su trabajo, ¿qué puede hacer al respecto? Puede intentar mejorar su atmósfera laboral, aprender a vivir con una situación indeseable (pero no intolerable), o buscar otro trabajo. Enojarse no lo llevará a mejoras positivas y duraderas con las cuales todas las partes estén satisfechas.

La frustración y el fuego

Una forma de tratar la ira es enfocarla desde la perspectiva de la frustración. Si la ira proviene de esta, desaparecerá si se elimina la frustración. Si un niño está teniendo un arrebato porque no consigue una barra de dulce, tenderá a controlarse si el padre claudica ante sus payasadas y le da la golosina. Si un hombre se enoja porque la excursión de pesca que se había planeado es cancelada súbitamente, tenderá a calmarse si puede ir a esa excursión. Si usted siente ira debido a que su hijo no responde a sus intentos de disciplinarlo, su enojo menguará cuando comience a comportarse bien.

El punto a recordar es que la energía de la ira no deberá ser desatada de modo que lastime o destruya. En su lugar puede ser usada en forma constructiva para *eliminar* la frustración. Si la emoción original no puede ser eliminada, muchas personas aprenden a aceptar metas sustitutas y por consiguiente encuentran casi la misma, y en algunos casos aun mayor satisfacción.

Reaccionar con ira es igual que verter gasolina sobre un fuego que ya estaba ardiendo. Un retardador químico sería mucho mejor. Proverbios 15:1 ilustra una respuesta apropiada: "La suave respuesta aparta el furor, mas la palabra hiriente hace subir la ira".

Este versículo no dice que la ira de la otra persona desaparecerá *inmediatamente*, pero con el tiempo sucederá. Recuerde que tendrá que planear su respuesta verbal y no verbal hacia esa persona muy por adelantado y hasta practicarla si espera que suceda. Si usted aguarda hasta que se encuentre en el calor de la disputa, no será capaz (y no podrá, debido a los cambios físicos) de cambiar su iracunda vieja forma de reaccionar. Visualizando y practicando las enseñanzas de las Escrituras por anticipado, lo prepara para dar una respuesta más apropiada.

¿Por qué se enoja con los miembros de su familia cuando no le responden? ¿Por qué se enoja cuando sus hijos no ordenan sus cuartos, cortan el césped o secan apropiadamente los platos? La ira expresada en gritos hacia un hijo que no corta cuidadosamente el césped, no le enseña cómo hacerlo correctamente. Palabras de enojo dirigidas a una hija desaliñada no le enseñan a ser pulcra. Instrucciones paso a paso (aun si ya han sido dadas con anterioridad) pueden ayudar a resolver el problema.

Otra consecuencia de la ira es que usted se convierte en portador de un germen muy infeccioso, la ira en sí.

Si responde con furia, otros a su alrededor pueden fácilmente contagiarse del germen. Si se vuelve iracundo con su cónyuge, no se sorprenda si él o ella le responden de la misma manera. Usted le dio a su esposo o esposa un ejemplo a seguir. Su cónyuge es responsable por su respuesta emocional, ya que modeló esa respuesta con su ejemplo. Quizás si respondiera con amabilidad y firmeza, su cónyuge podría seguir su ejemplo.

Reduzca su frustración

Escucho una y otra vez a personas en mi oficina y en mis seminarios decir: "Norm, yo no deseo dirigirme con ira hacia otros, especialmente con mi familia, ¡pero algo viene sobre mí en ese preciso instante y lo dejo que salga! Hay un límite respecto a lo que puedo soportar. Sé que realmente los quiero, pero a veces me disgustan. No sé qué hacer para cambiar."

Generalmente respondo con una pregunta: "Cuando usted se siente frustrado y enojado con su familia, ¿se enfoca más en, cómo ellos actúan ante lo que dijo o cómo quisiera que lo hicieran?"

Casi siempre me contestan: "Oh, yo reflexiono acerca de lo que me disgustó y mis comentarios destructivos. Pienso en ello constantemente y me castigo a mí mismo por lastimarlos".

Le pregunto: "¿Usted comprende que al recalcar tanto sobre sus fallas se está programando para repetirlas?"

Por lo general responden con una mirada de asombro. Pero es cierto. Cuando usted pasa tanto tiempo pensando acerca de lo que *no debería* haber hecho, lo afianza. Además, invirtiendo todo su tiempo y energía mental en meditar en exceso acerca de sus errores, esto lo mantiene alejado de poder proyectarse a lo que realmente *desea* hacer. Enfocar su tiempo y energía hacia una solución, producirá una gran diferencia en la comunicación con los demás. ¡Concentre su atención en cómo desea responder a sus frustraciones y *experimentará un cambio*!

Consideremos varios pasos que puede adoptar para reducir su frustración y evitar el uso de palabras que no desea expresar. El primero es encontrar a alguien con quien pueda compartir sus preocupaciones y desarrollar una relación responsable. Elija a una persona que esté dispuesto a orar con usted, que lo supervise regularmente para ver cómo le está yendo. Si está transitando por estos pasos como pareja, solicite el apoyo de otra para la mencionada supervisión. Todos necesitamos la colaboración y el auxilio de otros.

Necesita ser sincero y responsable consigo mismo y con los demás acerca de los cambios que desea hacer. Tome una hoja de papel y responda por escrito a las preguntas siguientes. Luego comparta sus respuestas con su compañero de oraciones.

- ¿Cómo se siente cuando está frustrado y encolerizado? Sea específico. Hay personas que disfrutan su frustración y su ira. Les proporciona un torrente de adrenalina y una sensación de poder. ¿Se identifica usted con esto?
- Cuando se siente frustrado, ¿desea estar en control de su reacción o ser espontáneo? En otras palabras, ¿desea decidir qué hacer o simplemente dejarse llevar por sus sentimientos?
- Si desea permanecer en control, ¿cuánto tiempo y energía está dispuesto a emplear para que esto suceda? Para que ocurran cambios, el nivel de motivación necesita permanecer constante y elevado.
- Cuando se siente molesto por lo que alguien hizo, ¿cómo respondería? ¿Qué le gustaría decir en ese momento? Sea específico.

Hay una razón por la cual Dios inspiró a los hombres a escribir las Escrituras y preservarlas para nosotros a través de los siglos: *Los lineamientos de Dios para la vida son los mejores.* Sin tener en cuenta lo que usted haya experimentado o le hayan enseñado en el pasado, ¡el plan de Dios funciona!

Escriba en tarjetas separadas cada uno de los versículos siguientes de Proverbios:

> *Hay quien habla sin tino como golpes de espada, pero la lengua de los sabios sana (12:18).*

> *El lento para la ira tiene gran prudencia, pero el que es irascible ensalza la necedad (14:29).*

> *Mejor es el lento para la ira que el poderoso, y el que domina su espíritu que el que toma una ciudad (16:32).*

Agregue a su archivo de tarjetas otras Escrituras relacionadas con la frustración y la ira. Lea estos versículos en voz alta por la mañana y por la noche durante tres semanas y serán parte de su vida.

Usted será capaz de cambiar únicamente si planea hacerlo. Sus intenciones pueden ser buenas, pero una vez que la secuencia frustración-ira se pone en marcha, su habilidad de pensar con claridad es limitada.

Piense por adelantado lo que quisiera decir cuando comience a sentirse frustrado. Sea específico. Escriba sus respuestas y léalas en voz alta a sí mismo y a su compañero de oraciones. En mi consultorio trato con frecuencia a clientes practicando sus nuevas respuestas conmigo, y yo trato de responderles como si fuera la otra persona. Cuando practicamos juntos ellos son capaces de refinar sus expresiones, eliminar sus ansiedades o sentimientos de incomodidad y confianza en su nuevo método. Su cónyuge o compañero de oraciones podrían ayudarle en ello.

Comience a entrenarse en *posponer* sus respuestas verbales y de comportamiento cuando reconoce que está frustrado. El libro de los Proverbios nos aconseja repetidamente a ser *lentos* para la ira. Usted deberá moderar sus respuestas si quiere cambiar cada una de las palabras que cultivó por años. Cuando permitimos a la ira y frustración expresarse libremente, se asemejan a una locomotora disparada. Necesita agarrarlos antes que tomen impulso, así podrá cambiar las vías y dirigirlos en la dirección apropiada.[24]

Una útil manera de cambiar la dirección es emplear una . *palabra clave*. Siempre que sienta que la frustración y la ira surgen en su interior, recuérdese a sí mismo moderarse y ganar control diciéndose algo así como "detente", "piensa", "contrólate", etc. Estas son palabras que le ayudarán a cambiar engranajes y poner en acción su nuevo plan.

Uno de los métodos que con frecuencia sugiero para desactivar una situación frustrante es esta: Mentalmente autorice a la otra persona para involucrarse en el comportamiento que lo está frustrando. Este método desactiva su frustración y le da tiempo para implementar un plan sensato.

No estoy sugiriendo que se rinda emocionalmente y permita a otros hacer lo que quieran. Existen comportamientos que son altamente perjudiciales y requieren una respuesta directa.

Muchas personas se muestran escépticas cuando les sugiero la estrategia de otorgar permiso. Pero frecuentemente regresan luego de ensayarla e informan acerca de sorprendentes resultados. Una persona me dijo: "Norm, la primera vez que escuché su sugerencia, pensé que estaba loco. Pero la puse en práctica. Descubrí que me frustraba menos. Mi postura era menos rígida y me sentía más relajado mientras trataba con esa persona".

Su conversación interna, también llamada monólogo interno, es donde su frustración es doblegada o enardecida. Sus respuestas y comportamiento para con otros se determinan por la forma en que habla consigo mismo acerca de las conductas y reacciones de ellos. Ese monólogo está conformado por las palabras e ideas que medita consigo mismo. En realidad, sus más poderosas emociones, ira, depresión, culpa, preocupación, así como su autoimagen, se inician y son alimentadas por sus conversaciones internas. Cambiar estas últimas es esencial para evitar que sus frustraciones entren en erupción con palabras hirientes.

Habrá momentos en los que sabrá por adelantado que atraviesa una situación en la que alguien se enojará... usted. Si presta atención a lo que generalmente dice en una situación similar, será capaz de reconocer dos cosas: lo que está generando su ira y lo que puede hacer para ajustar su actitud. También descubrirá sus expectativas, por lo cual la situación podrá ser menos generadora de furia. He aquí algunos ejemplos de un monólogo reductor de ira.

- No voy a tomar como algo personal lo que se está diciendo o haciendo.
- No importa lo que suceda, sé que puedo aprender a controlar mis frustraciones y mi enojo. Poseo esa capacidad debido a la presencia de Jesús en mi vida y Su fortaleza para conmigo.
- Voy a permanecer en calma y bajo control.
- Responderé a las declaraciones que generalmente me sacan de las casillas con comentarios como "qué interesante", "lo pensaré", o "¿podría decirme algo más al respecto?"
- No debo permitir que esta situación me moleste.
- Si comienzo a disgustarme, respiraré profundamente varias veces, me calmaré, retrasaré mis respuestas y hablaré intencionalmente en un tono más suave.[25]

La Palabra de Dios tiene mucho que decir acerca de cómo pensamos. Si usted tiene dificultades con conversaciones internas negativas, le sugiero que escriba los siguientes versículos de las Escrituras en tarjetas de fichero y comience a leerlas a sí

79

mismo en voz alta cada mañana y tarde: Isaías 26:3; Romanos 8:6,7; 2 Corintios 10:5; Efesios 4:24; Filipenses 4:6-9, 1 Pedro 1:13.

Si adopta estos pasos pensando: "Esto nunca funcionará", usted mismo se ha programado para fracasar. En su lugar, podría pensar: "Estoy dando pasos positivos hacia la solución de mi frustración e ira. Esto realmente marcará una diferencia en mi relación con los demás. Sé que mi comunicación mejorará en la medida que avance con estos pasos de crecimiento".

Para ayudarlo a desarrollar una actitud positiva, tómese un minuto y enumere las ventajas de estar frustrado. Compare las dos listas. ¿Cuáles son los resultados que desea? Tendrá más probabilidades de conseguir estos resultados siguiendo los pasos arriba indicados.

Lo que puede hacer

En cualquier expresión de ira entre dos personas, cada uno es responsable de su propio enojo. La ira existe en nuestras familias.

Usted puede proyectarla sobre otra persona y pretender responsabilizar a esta última de sus sentimientos y actitudes. Pero esto exige que sea ella la que cambie. Evadir la responsabilidad es una forma de protegerse. Manifiesta: "He sido una víctima suya". Pero si se concentra en usted mismo y se hace responsable por la forma de sentir, existe una mayor posibilidad de resolver el problema.

En lugar de decir: "Tú me haces enojar", dígale a él o a ella: "Has actuado de esta forma y *sentí ira por la actitud que asumiste*".

Al comenzar a crecer su propia ira, utilice el método de la interrupción en usted mismo. Recuerde que antes, en este libro hemos identificado las tres causas básicas de la ira como el temor, el dolor y la frustración. La ira es la respuesta secundaria a cualquiera de estas tres.

Si la cólera es un·problema para usted, lleve consigo una tarjeta de 7 x 12 centímetros con usted. En un lado escriba la palabra ¡PARAR! en letras grandes. En el otro lado, las siguientes preguntas:

¿Estoy sintiendo dolor por algo en este momento?

¿De algún modo estoy temeroso?

¿Me siento ahora frustrado por algo?

En el instante en que comience a sentir una creciente ira, extraiga su tarjeta, lea la palabra ¡PARAR! (en voz alta si es apropiado) y luego dé vuelta a la tarjeta. Lea y conteste las tres preguntas. Aminorar su respuesta iracunda y reconocer la causa, le ayudará a resolver el problema. Usted aún puede asumir la responsabilidad de elegir la respuesta, de forma tal, que disminuya el enojo de la otra persona en vez de estimularlo.

La ira de los demás

Es importante que tenga claro en su mente por qué desea reducir la ira en la otra persona. Simplemente puede encontrar que la misma es desagradable, o temer que se descontrole. Podría también sentir que ese enojo mantenido, solo conlleva a prolongar el desacuerdo en vez de resolverlo. *Sepa por qué está incómodo con la ira de la otra persona*, y de una forma calmada explíquele su posición a él o a ella.

Segundo, al responder a su ira, recuerde que *esta no es la verdadera emoción*. Sin importar cuán intenso y destructivo sea el enojo de la otra persona, sigue siendo una expresión de temor, dolor o frustración. Lamentablemente, la ira es como un disfraz y no permite identificar claramente el problema para usted. Si en su corazón y su mente le puede dar permiso a la otra persona para estar iracunda, será más fácil no responderle de la misma forma. Podrá entonces concentrarse en el verdadero problema que existe entre ambas partes, así como en las causas ocultas de la ira. Cuando aprenda a no responder al enojo de otra persona con el suyo, ha dado un gigantesco paso de avance.

Existen varias formas para hacer disminuir la ira de otra persona. Una es prestar atención a un "acuerdo previo". A veces, padres e hijos (o parejas) acuerdan o convienen cómo actuarán durante sus desavenencias. El primer paso para usted es aceptar el acuerdo convenido. A continuación vemos dos puntos de un acuerdo que desarrolló una pareja para mejorar sus habilidades de comunicación y resolución de problemas:

1. No exageraremos ni atacaremos a la otra persona durante el curso del desacuerdo.

    a) Me mantendré en el problema específico.

    b) Tomaré algunos segundos para expresar mis palabras, y así poder ser exacto.

    c) Tendré en cuenta las consecuencias de lo que diga antes de hacerlo.

    d) No emplearé las palabras *siempre, todo el tiempo, todos, nada* y por el estilo.

2. Intentaremos controlar el nivel emocional y la intensidad de las discusiones. (Sin gritos, ira descontrolada u observaciones hirientes).

    a) Nos daremos tiempos de descanso para calmarnos si uno de nosotros siente que su ira se está elevando demasiado. El tiempo mínimo será de un minuto y el máximo, de diez. La persona que necesite una mayor cantidad de tiempo para calmarse es la que fijará el límite del mismo. Durante la pausa cada persona, individualmente y por escrito, definirá el problema que se está discutiendo. Esto incluirá, primero, reconocer la causa específica de la ira. Segundo, se hará una lista con las áreas de acuerdo respecto al problema. Tercero, se hará una lista con las áreas de desacuerdo, y cuarto, se detallarán tres alternativas de soluciones para este problema. Cuando volvamos a estar juntos, la persona que estuvo más disgustada expresará a la otra: "Estoy interesado en lo que has escrito durante la pausa. ¿Puede compartirlo conmigo?"

b) Antes de decir algo, decidiré si desearía que me hiciesen la misma declaración con las mismas palabras y en el mismo tono de voz.[26]

Zonas de ira

A algunas personas les gusta usar la tarjeta de reducción de estrés para medir su excitación. Un pequeño cuadrado, tratado químicamente, sensible al calor y a la humedad, mide el nivel de estrés de una persona. Usted coloca su pulgar sobre el cuadrado por diez segundos y su nivel de estrés tornará el cuadrado negro, rojo, verde o azul, dependiendo de la intensidad de su excitación. Los colores verde o azul reflejan calma, con poco o ningún estrés.[27]

También existen zonas apropiadas de ira para estar en ellas. Los miembros de una familia con frecuencia se mueven desde la zona verde o azul hacia la roja. La templanza está siendo objetiva y lógica. El rojo indica ira intensa e irritada. En el medio de ambos, en la llamada zona amarilla, la persona siente ira por la otra, pero es capaz de ejercer un control sobre sus pensamientos y actos. Hasta puede hacerle saber a la otra persona que él está enojado y necesita expresar su ira, pero no a expensas de la relación que mantienen.

Cuando una persona pasa de la zona amarilla a la roja, todos los síntomas de la primera se han intensificado. Esta ira "roja" se caracteriza por atacar más a la persona que al problema, por ser irracional, arrojarle acusaciones a la cara y degradar el carácter de la otra persona. Cree que la otra parte merece todo lo que usted profiere. Aquí es donde pueden ocurrir daños irreparables. La zona azul se caracteriza por exposiciones calmadas y voluntad para prestar atención.[28]

Es posible aprender a reconocer en qué zona usted se encuentra, hacérselo saber a la otra persona, y también reconocer hacia cuál se dirige. Como dijo un esposo: "Estoy alternando entre el amarillo y el rojo y no me gustan ninguno de los dos. Quiero deshacerme de lo que siento e ir hacia la zona azul. Por favor, escúchame".

Algunas parejas confeccionan pequeños banderines y los fijan en un lugar acordado para mostrar el nivel de su enojo. (Algunos han hecho de esto un proyecto familiar en el que cada uno posee su propio juego de banderines. Los utilizan durante una discusión o desacuerdo y levantan el apropiado para que los otros miembros de la familia conozcan su nivel de ira). Cuando una persona ha elegido usar banderines para expresar un mensaje acerca de su ira, posee un cierto control sobre sus emociones.

¿Hablar o escribir?

En este proceso de calmarse uno mismo y a la otra persona, puede ser útil preguntar: "*¿Qué sería lo mejor para nosotros ahora? ¿Conversar acerca de nuestra ira o manifestarla por escrito?* Para aquellos que tienen dificultades para expresarse verbalmente, el escribirlo puede ayudarles a liberar sentimientos reprimidos. Y para el extremadamente locuaz, el escribir les evita decir demasiado en el momento inoportuno. Sumado a esto, escribir ayuda con frecuencia a que veamos los puntos más claramente, que hablando de ellos. Usted puede decidir revelar lo que ha escrito o simplemente guardarlo para su propia expresión.

Cuando escribe, puede simplemente detallar sus sentimientos y reconocer la causa de su ira. Puede expresar lo que nunca le diría directamente a la otra persona, o escribir una carta iracunda, sin enviarla y leerla en voz alta en una habitación vacía; luego quemarla o destruirla. Una vez hecho esto, vuelva al lado de su cónyuge y discuta el problema.

7

La ira y el perdón

¿Cómo se puede prevenir que en una relación crezca la ira? Estos lineamientos pueden ayudarle, pero usted debe tener la voluntad de implementarlos, sin importarle lo que hagan los demás.

1. No espere que sus sentimientos se aglomeren. Exprese su dolor, temor o frustración en cuanto se percate de su existencia.

2. Asegúrese de compartir el estilo de lenguaje de su pareja. Si la otra persona utiliza pocas palabras (un condensador), en su comunicación, manténgase corto. Si le gusta expandirse y dar explicaciones (un amplificador), ofrézcale detalles e información suficiente.

3. Cuanto más espera para expresar sus sentimientos, más tardará en resolverlos. Por consiguiente, usted decide si desea una discusión extensa o corta. Sugiera la cantidad de tiempo a emplear.

4. No insinúe o dé a entender que la otra persona tiene motivos ocultos o no es de confiar. Lo va a rechazar si procede así.

5. Todo intento de hacer que la otra persona se sienta culpable se volverá en su contra. Su propósito es *resolver*.

6. Elija una actitud que demuestre que usted *resolverá* el problema y que finalmente *se llegará* a un resultado positivo. Proyéctese hacia el futuro.

7. Si la otra persona formula un comentario agresivo, no invierta tiempo y energías respondiendo. Déjelo correr y manténgase orientado hacia su meta.

8. Si generaliza o adorna los hechos (me refiero a mentir un poquito), deténgase enseguida y rectifique. Utilice declaraciones tales como: "Lo lamento, lo que realmente deseaba decir y que es más acorde con los hechos es..." Siempre que se dé cuenta que sus declaraciones no son exactamente la verdad, rectifique y admita lo que hizo. Está bien decir: "Me equivoqué en lo que dije..." "Estaba tratando de desquitarme contigo.." "Admito que intentaba lastimarte y lo siento", o "Estaba molesto por otra cosa y volqué mi ira sobre ti".

9. No dé ultimátum durante su discusión. Aun si se debería dar uno, no es este el mejor momento pues reflejaría un control o lucha de poder. Raras veces funciona.

10. Ahora está en usted enumerar otros tres lineamientos que puedan ser positivos y de ayuda. Si quiere que esta lista funcione, léala en voz alta todos los días por tres semanas y notará que está cambiando.[29]

Recuerde: Su comportamiento no depende de lo que hagan otros. Si así fuera, usted eligió caer bajo control ajeno.

El sabio rey Salomón nos recuerda que controlar la ira es tener sentido común: "La discreción del hombre le hace lento para la ira, y su gloria es pasar por alto una ofensa" (Proverbios 19:11). Podría anotar acerca de cómo insertar este versículo en la vida diaria.

Cuando usted sienta una fuerte ira contra su cónyuge, siéntese y escriba una lista de sus sentimientos. Hágalo con honestidad y de forma apasionada, exactamente como se siente. Signos de admiración y subrayados son convenientes. Al final de la lista indique el motivo de su ira.

Si prefiere, escriba una iracunda carta a su pareja. Nuevamente, sea honesto con sus sentimientos. Puede leer la carta en voz alta en una habitación vacía. Luego destrúyala.

Exprese ira en forma positiva

Cuando se percate de su enojo hacia otros, reflexione acerca de estas formas de expresar su ira, ya que ellas sanarán en vez de lastimar las relaciones, exhortarán y no desalentarán.

1. *No reaccione en forma exagerada.* No minimice ni exagere la situación. Nunca suponga que conoce el problema. El punto más importante no es lo que piensa del problema sino lo que la otra persona percibe del mismo. Por lo tanto, escuche. Después haga preguntas. Si hay más de una persona envuelta en el caso, oiga todas las partes de la historia. Dé a otros tiempo para explicar su perspectiva. Santiago 1:19 dice que "cada uno sea pronto para oír".

La ira implica fuertes sentimientos que no deberían ser ignorados o negados. Una iracunda explosión no es necesariamente la señal de un problema importante. Cuando los padres exageran su reacción ante la ira de sus hijos, el mensaje oculto es: "La ira es mala. Cuando te enojas, eres malo y te equivocas". Igual que los adultos, los niños tienen momentos de ira. No obstante, la cólera de éstos es diferente a la de los adultos en un punto importante: Los pequeños generalmente no guardan rencor, albergan resentimientos o planean modos de vengarse. Debido a su limitada perspectiva de la vida y cortos intervalos de atención, la mayoría de los niños perdonan y olvidan pronto. Tienden a tomar la vida como se presenta y prosiguen su andar. Cada día es nuevo y fresco para el niño.[30] Quizás ellos tengan algo que enseñarnos.

2. *Use el pronombre singular en primera persona* cuando confronta al otro. Reconozca claramente sus sentimientos utilizando "yo" en vez de "usted". Cuando comienza con "usted", sus declaraciones sonarán con frecuencia despectivas, exigentes y acusadoras. Usted está señalando con el dedo. Al hacer declaraciones utilizando el "yo", puede señalar su punto con mayor claridad y menor probabilidad de lastimar el sentido de personalidad de la otra persona. Examine ejemplos de estas sanas declaraciones:

Estoy muy enojado ahora.

Necesito tomarme un tiempo para pensar y orar acerca de lo que estoy sintiendo.

Es difícil para mí concentrarme al manejar cuando estamos disgustados como ahora.

Me gustaría que nos tomáramos un descanso de diez minutos.

Estoy exhausto y necesito ahora un poco de paz y quietud. Estoy dispuesto a hablar de esto luego.

Estaría encantado de ayudarte con esto después de la cena.

No me gusta cuando me hablas como ahora.

Me gustaría que tú dijeras...

3. *Permanezca en el presente.* No revuelva los errores del pasado.

4. *Sea breve y simple.* ¿Alguna vez ha estado en una situación en la cual padre, cónyuge o jefe le ha corregido y le ha recalcado sobre lo mismo una y otra vez? ¿Recuerda cómo

se sintió y lo que hubiera querido decirle a la otra persona? ¿Aumentó esto su motivación a prestar atención? ¿Recibió alguna exhortación? Probablemente no.

Todos tenemos limitados momentos de atención. Las personas que hacen los comerciales para televisión lo saben y estructuran sus costosos anuncios de acuerdo a ello. Cuanto más corto y simple sea su mensaje, habrá más probabilidad de que otros sean capaces de recibirlo.

5. *Sea específico*. Concéntrese en lo esencial. Haga que la expresión de su ira sea descriptiva, exacta y centrada en el tema, no muchos sino un solo tema. ¿Qué es en sí el fundamento de todo? ¿Qué es negociable y qué no lo es? ¿Lo sabe usted? ¿Lo sabe la otra persona?

6. *Pregúntese a sí mismo*: "¿Qué me motiva? ¿Qué quiero conseguir? ¿Cómo puedo emplear esta situación para expresar mi amor e inquietud, lograr un acercamiento y fortalecer lazos de confianza? La meta debería ser comunicar su enojo de tal forma, que la otra persona sienta que a pesar de todo, continúa siendo valiosa e importante.

El veneno de la ira sin resolver

La ira sin resolver no permanecerá en la misma condición. Por lo general se transforma en resentimiento, mala voluntad hacia otra persona. Este con frecuencia se hace acompañar por un deseo de venganza «justiciera».

Medite en esto: Cuando usted alberga resentimiento hacia otra persona, le ha dado a esta el control de su estado emocional. ¿Cómo se siente al respecto? La mayoría de nosotros queremos sentirnos en control de nuestras emociones. ¡Pero no lo está si tiene resentimiento hacia alguien! Usted le ha entregado el control a esa persona. Le está permitiendo a él o ella accionar los botones emocionales de la ira, frustración y amargura.

La pregunta que debe formularse es: "¿Deseo venganza o que mis resentimientos se evaporen?" Muchas personas batallan para conseguir perdonar y liberar del garfio a la otra persona. Con un pie en la senda del perdón y el otro en el de la venganza, usted quedará inmovilizado. ¿Por qué no hacer un compromiso de una u otra forma?

Si la parte de usted que quiere venganza es más fuerte que la perdonadora, entonces, ¿cómo logrará la revancha? ¿Conoce la otra persona su resentimiento e incluso que está anhelando algún tipo de venganza? ¿Escribió ya su plan de ataque, con detalles específicos de lo que hará? ¿Le ha dicho sin rodeos cuáles son sus sentimientos y planes en su contra? Si no lo ha hecho, ¿por qué no? Si lo que quiere es venganza, ¿por qué no pasar por encima de todo y liberarse, de tal forma que su vida pueda ser plena y sin restricciones?

Es probable que su reacción sea "¡Esto es una locura! ¡Qué ridículo! ¡Cómo puede sugerir conscientemente una idea tan poco bíblica! Yo nunca desearía hacerlo y aun si quisiera, no podría". ¿De veras? Entonces, ¿por qué no elegir la otra alternativa, abandonar su resentimiento completamente y ser libre de él?

Esto puede implicar también prescindir de tener a alguien a quien culpar de la difícil situación en la que se encuentra, dejar de compadecerse a sí mismo y hablar negativamente de la otra persona. Usted tiene razón, el perdón cuesta. Pero el precio del resentimiento exige pagos continuos.

Venza el resentimiento

Existen numerosas formas de vencer el resentimiento. Primero, haga una lista con todo lo que tiene en contra de la persona que provocó su ira y rencor. Anote con lujo de detalles cada herida o dolor que recuerde. Escriba exactamente lo sucedido, cómo se sintió entonces y su sentir actual.

Una persona compartió la siguiente lista de resentimientos:

Me siento dolida de tus comentarios sarcásticos acerca de mí en presencia de otros.

Me molesta lo difícil que es para ti, darme alguna vez tu aprobación.

Estoy resentida porque no me prestas atención.

Otra persona compartió acerca de su resentimiento hacia su padre:

Odio que me llamaras basura y me trataras como tal.

Estoy resentida porque le fuiste infiel a mamá y me has hecho guardar el secreto.

Me siento ofendida por la forma en que tratas de usarme para tu propio beneficio.

Me duele que no me ames por lo que soy.

Me siento indignada, pues siento que estoy echando a perder mi vida por querer demostrarte que no soy tan mala como has dicho.

Tengo resentimiento contra ti y todos los hombres.

Tenga presente que puede experimentar algún tipo de sacudida emocional al confeccionar su lista. En ese momento pueden incluso, aflorar sentimientos viejos y enterrados. Tal vez se sienta molesto por un tiempo. Ante y durante el proceso, pídale a Dios le revele los recuerdos ocultos, con el fin de ser limpio de todo resentimiento. Agradezca a Dios que en esa oportunidad, le permite protagonizar tan difícil y positiva travesía, y echar fuera esos sentimientos.

No le muestre sus listas a nadie más.

Segundo, después de escribir todos los rencores posibles, deténgase y descanse por un momento. Esto le ayudará a recordar otros resentimientos que necesita compartir. Probablemente no los recordará todos. Tampoco lo necesita.

Tercero, luego de completar el escrito, vaya a una habitación con dos sillas. Imagine a la otra persona sentada frente a usted y aceptando lo que le comparte verbalmente. Tome tiempo, mire a la silla como si la persona estuviese presente y comience a leer su lista. Al principio podrá sentirse torpe, hasta avergonzado. Pero estos sentimientos pasarán. Es normal que en la medida que se expresa, note que amplía lo escrito. Con el tiempo encontrará que sus sentimientos de resentimiento disminuyen.

Otro método útil es escribir una carta (que nunca será enviada), a la persona que le ha provocado el rencor. Para algunos, compartir algo en forma escrita puede ser más útil que hacerlo verbalmente.

Comience su carta como de costumbre: Querido(a).....

Este no es un ejercicio de estilo, excelencia o puntuación apropiada. Usted simplemente está reconociendo, expresando y eliminando sus emociones. Al principio parecerá difícil, pero una vez que comience, sentirá fluir las palabras y los sentimientos. Exteriorice todos aquellos que han estado agitándose en su interior. No es el momento de evaluar si son buenos o malos, correctos o equivocados. Existen y deben ser anulados.

Mientras trabajaba con personas en mi consultorio y les hacía escribir una carta de este tipo, les pedí que la trajesen a su próxima sesión. Con frecuencia me la alcanzaban apenas entraban al cuarto. "No", les decía yo, "prefiero que se queden con ella y la usaremos dentro de un rato". En el momento oportuno, les pedía que la leyesen en voz alta, e imaginasen también, en la otra silla, a la persona causante de los resentimientos, prestando atención a esa lectura.

Recuerdo a una persona que había escrito una carta muy extensa y se sorprendió cuando le pedí que la leyese en mi presencia. Durante los primeros quince minutos de lectura de la misma, dirigida a su madre, el cliente estuvo llorando y sollozando. Pero en los últimos cinco minutos, el llanto cesó. Había un tono positivo y reluciente en su voz, al concluir. A través de esta experiencia, su resentimiento se había ido.

Perdón versus resentimiento

¿Sabe qué es lo opuesto a resentimiento? Sí, así es: *perdón*. Tal vez usted no olvide lo que hizo la persona que tanto lo irritó; puede que lo recuerde. Por otra parte, quizás llegue a olvidar. Considere esto:

La definición de *olvidar* que se encuentra en el diccionario Webster proporciona más comprensión de la actitud y respuesta que uno puede elegir. Olvidar significa: "Perder el recuerdo de... tratar con falta de atención o descuido... descuidar intencionalmente, pasar por alto, cesar de recordar o tener en cuenta... fallar en ser atento en el momento apropiado".

No perdonar significa generar un tormento interno a nosotros mismos. El perdón manifiesta: "Todo está bien, ya pasó. Ya no estoy más resentido contigo, ni te considero un enemigo. Te amo aunque tú no me puedas amar a mí".

Lewis Smedes decía:

Cuando perdonas a alguien por lastimarte, efectúas una cirugía espiritual dentro de tu alma; cortas el mal que te habían hecho de modo que veas a tu "enemigo" a través de los mágicos ojos que pueden sanar tu alma. Desprende a esa persona del dolor y déjala ir, de la forma en que los niños abren sus manos y liberan la mariposa que habían atrapado.

Luego invítala nuevamente a tu mente, fresca, como si una parte de la historia dentro ti hubiera sido borrada, quebrada su garra sobre tu memoria. Se ha revertido el aparente irreversible fluir del dolor en tu interior.[31]

Somos capaces de perdonar porque Dios nos perdonó a nosotros. Nos dio un hermoso ejemplo de perdón. Permitir que este penetre en nuestras vidas y nos renueve es el primer paso para transformarnos en perdonadores.[32] Considere esta oración de perdón proveniente de una persona enojada.

Amante Dios, te alabo por tu sabiduría, tu amor, tu poder. Gracias por la vida, con sus goces y misterios. Gracias por las emociones, incluida la ira.

Perdóname cuando me dejo guiar por la ira y no por ti. Hazme notar mis actitudes que producen ira en otros, ayúdame a cambiarlas. Muéstrame cómo limpiar las ofensas que cometo contra otros y dame el valor de pedir perdón.

Ayúdame a ser capaz de ver por encima de la ira a otra persona, tu creación en ella y amarla. Enséñame cómo perdonar; y dame la humildad de hacerlo elegantemente.

Condúceme a oponerme a la injusticia y otros males. Muéstrame cómo canalizar mi energía, que de otra forma pudiera derrocharse en ira, en acción constructiva a tu servicio.

Me pides que ministre a las personas a mi alrededor. Ayúdame a comprender lo que esto significa. Despiértame. Ayúdame a reconocer que cada momento de mi vida es una oportunidad para que tu amor fluya a través de mí.

Gracias, Padre celestial, por tu amor. Gracias por enviarnos a Cristo para que tengamos vida y ésta en abundancia, y por enviarnos al Espíritu Santo para consolarnos y guiarnos a través de las incertidumbres y confusiones del diario vivir.

En el nombre de Jesús. Amén.[33]

Ansiedad

Ira

Depresión

Preocupación

Estrés

Paz

Satisfacción

Autocontrol

Paciencia

Gozo

La respuesta al estrés

8

¿Qué es el estrés?

El ladrón sólo viene para robar y matar y destruir;
yo he venido para que tengan vida,
y para que la tengan en abundancia.

Juan 10:10

¿Qué es exactamente el estrés? Estrés es *cualquier situación en la vida que molesta, irrita o disgusta crónicamente.* Es todo tipo de acción que establece exigencias conflictivas o pesadas sobre su cuerpo. ¿Qué hacen estas exigencias? Simplemente perturban el equilibrio de su organismo.

Nuestros cuerpos vienen equipados con un sistema defensivo altamente sofisticado, que nos ayuda a sobrellevar aquellos eventos de la vida desafiantes y amenazadores. Al sentirnos presionados o amenazados, nuestro cuerpo moviliza rápidamente sus defensas para "luchar o huir". En el caso del estrés, somos inyectados con una abundancia de adrenalina, la cual desorganiza nuestro funcionamiento normal y crea un elevado sentimiento de excitación.

Somos como una banda de goma que está siendo estirada. Generalmente, cuando cede la presión, retorna a su normalidad. Cuando es estirada demasiado, o mantenida en esa posición mucho tiempo, la goma comienza a perder su elasticidad, se vuelve quebradiza y se cuartea. Finalmente se rompe. Esto es similar a lo que sucede con nosotros si hay demasiado estrés en nuestras vidas.

No obstante, lo que es causa de estrés para uno, puede no serlo para otro. Para algunos, el estrés es la preocupación acerca de sucesos futuros que no pueden evitarse, e inquietud posterior por lo sucedido. Para otros, es simplemente el desgaste y fatiga de la vida. Ha sido llamado "una fuerza influyente".

Aunque algunas personas lo relacionen con tensión y otras con ansiedad, no todo el estrés es malo. Necesitamos cierta cantidad de presión y estímulo para funcionar apropiadamente en la vida. El estrés puede ser beneficioso si es experimentado brevemente. Si se *extiende demasiado*, nos afecta. El estrés inapropiado termina anulando nuestro gozo espiritual. El aceptable es llamado "*eu*strés", de la palabra *eu*, proveniente del latín, que significa bueno. Es positivo y útil debido a que no perdura ni se experimenta continuamente. Puede incitarnos a efectuar cambios positivos. Es una forma de resistencia que nos sacude, pero luego nuestro equilibrio corporal retorna a su nivel normal. Cuando nuestro cuerpo no vuelve a su descanso y recuperación normales, poseemos el estrés malo o «agotamiento».

Causas de estrés

El estrés en su vida puede presentarse producto de una situación que:

- lo molesta
- lo amenaza
- lo excita
- lo asusta

- lo preocupa
- lo impacienta
- lo frustra
- le produce ira
- lo desafía
- lo desconcierta
- reduce o amenaza la imagen que se ha formado de sí mismo.

No obstante, la mayoría del tiempo, no es un *suceso* en particular el que causa el estrés. ¿Qué es entonces? La mayoría de las situaciones que lo generan, involucran cierto tipo de *conflictos* entre nosotros mismos y el mundo exterior. Por ejemplo, si un adolescente falta al colegio para ir a la playa (lo cual satisface un deseo personal), crea con su ausencia, un nuevo problema en la escuela. Si una madre dedica demasiado de sí misma a la iglesia y poco tiempo y energía a sus responsabilidades hogareñas, se establecen nuevas exigencias en su familia. Si ella no equilibra las demandas del exterior con las de su ser interior, experimentará estrés y presiones.

¿De dónde proviene la mayoría de nuestro estrés? Seamos adultos, adolescentes y hasta niños, siempre proviene de *nuestras propias mentes*. Los más dañinos de amenazas que no pueden ser desarrolladas, porque solamente existen en nuestra imaginación. Algunas personas, en una situación dada, se imaginan lo peor. Se preocupan, y esto hace acrecentar las amenazas y los temores imaginarios. Aun si *existiera* realmente una amenaza concreta al cuerpo, el problema básico estaría en la mente. Las situaciones que preocupan a una persona se convierten en las más problemáticas. Por otra parte, alguien que ha aprendido a vivir acorde con: "No se turbe vuestro corazón, ni tenga miedo". (Juan 14:27), será capaz de manejar mucho mejor las presiones de la vida, tanto reales como imaginarias.

Los síntomas del estrés

¿Cómo se comporta? ¿Se le hace más difícil tomar decisiones? ¿Aun las pequeñas?

¿Observa una tendencia a soñar despierto o fantasear acerca de "escaparse de todo"? ¿Sucede esto varias veces por día? ¿Tiende a utilizar más medicamentos para sentirse cómodo emocionalmente, algo así como tranquilizantes o estimulantes? ¿Nota que sus ideas se quedan rezagadas al hablar o al intentar escribirlas?

¿Se preocupa excesivamente por todo, e incluso hace suyas inquietudes ajenas?

¿Experimenta súbitas explosiones temperamentales? ¿Aumenta la intensidad y expresión de su ira?

¿Está comenzando a olvidar sus compromisos, citas y fechas límite, aunque esto no sea su norma habitual? ¿Se está destruyendo su imagen de persona responsable?

¿Se sorprende a sí mismo meditando acerca de sucesos y temas, que ni siquiera son importantes? ¿Pueden pequeñas cosas volverse catalizadores que le aniquilen, al punto de sentarse y vegetar? ¿Aumentan en usted, sentimientos de incompetencia que aparentemente no tienen fundamento?

¿Se percatan los demás del cambio que ha operado su comportamiento normal, y han llegado al punto de expresarle: "Ya no pareces el mismo"?

Todos estos aspectos son síntomas de sobrecarga de estrés. ¿Alguno de ellos es aplicable a usted? Si es así, bienvenido al mundo del estrés.

Las tres situaciones de estrés de la vida

Estrés es una palabra simple y común. Ha sido usada para argumentar acerca de la respuesta física y emocional, cuando no se tiene otra explicación. Pero esta fatiga nerviosa es real.

Para identificarlo conscientemente en nuestra vida, la mejor forma de comenzar es reconociendo las tres categorías principales de estrés.

La primera es llamada *Tipo* A (no confundir con la "Personalidad Tipo A"), y es tanto *predecible* como *evitable*. Si usted planea subir a una montaña rusa excepcionalmente excitante o ver una de las últimas películas de terror y sangre, sabrá por adelantado el estrés que encontrará y lo podrá evitar, si lo desea.

Existe también otro estrés previsible y evitable, pero se escapa a su control. El mundo vive bajo la amenaza de agotarse los recursos naturales y ver cómo su entorno se vuelve más y más contaminado. Otra amenaza es la posibilidad siempre presente de una guerra nuclear. Para cualquiera es difícil manejar un estrés producido por tales incertidumbres.

Situaciones de estrés *Tipo B* provienen de exigencias que *no son previsibles ni evitables*. Éstas pertenecen a la categoría de sucesos de crisis como por ejemplo, la muerte de un amigo o un miembro de la familia, un accidente, ya fuera en el automóvil o en actividades deportivas, descubrir la amenaza de su divorcio o separación, e incluso enterarse que un hermano es homosexual o tiene SIDA.

Estas estresantes situaciones son las que demandan más de nosotros. Muchas de ellas son críticas y pueden llegar a traumáticas.

Usted debe manejar sus propios sentimientos, la situación en sí y la respuesta de las otras personas. Tanto el que enfrenta un divorcio, como el adolescente con un tendón desgarrado que elimina sus posibilidades de una beca deportiva en la universidad, deben efectuar ajustes en dos principales aspectos: (1) pensar de sí mismos con una nueva perspectiva y (2) relacionarse con los demás en otro estilo.

La tercera categoría, *Tipo C*, es *previsible pero no evitable*. El estrés más dañino proviene de amenazas que no pueden concretarse, porque existen solamente en nuestra imaginación. Algunos de nosotros, en una situación determinada, imaginamos lo peor. Nos preocupamos, lo cual provoca más estrés y amenazas imaginarias. Y como mencionaba anteriormente, si dichas advertencias de peligro fueren ciertas, el problema mayor está en la mente. Aprendiendo a vivir según Juan 14:27, y logrará lidiar eficazmente con las presiones que se presentan, tanto reales como imaginarias.

Consideremos otra forma en la cual es afectado nuestro mundo mental. El Dr. Jack Haskins, presidente del departamento de comunicaciones de la Universidad de Tennessee, condujo un estudio de doce años relacionado con el impacto de las malas noticias. Aquí están sus conclusiones según resultados de un programa de radio de cinco minutos con cuatro malas noticias:

1. Aumenta la depresión.

2. Crea un concepto más negativo del mundo y demás cosas.

3. Conlleva a una inclinación a ayudar menos a los demás, ¿para qué molestarse?-

4. Los oyentes de malas noticias sobreestiman la posibilidad de ser víctimas de violencia y malas noticias.

5. Aproximadamente, noventa y cinco por ciento de lo que nos impacta en los Estados Unidos es negativo.

6. Las emisoras de Estados Unidos cuentan con cincuenta por ciento más, de malas noticias que las de Canadá.

¿Qué es lo primero que escucha por la radio, en la mañana? ¿Cuál es el último programa de televisión que ve por la noche antes de intentar dormir?

El estrés de los mitos cristianos

Algunas de nuestras fatigas nerviosas provienen de creencias que conservamos aunque no sean acertadas ni saludables. Judson Edwards sugiere estos ejemplos de mitos de rígida cristiandad, que nos limitan:

1. Dios me amará más, si yo *hago* más. (La verdad: Dios me ama completamente en este momento. Toda la

piedad y bondad empapadas de sudor que pueda demostrar no agregan una jota ni un ápice a Su amor.)

2. Es más cristiano trabajar que jugar. (La verdad: La prueba verídica de nuestra fe es la capacidad de reírnos, atesorar la vida y celebrar la bondad de Dios.)

3. No puedo cometer ningún error porque el mundo está observando mi testimonio. (La verdad: Es un grave desatino pensar que nunca cometeré un error y es una equivocación presuntuosa pensar que todas las personas están particularmente interesadas en mi vida.)

4. Yo soy la única Biblia que ciertas personas alguna vez leerán. (La verdad: Dios está obrando en el mundo, y si por alguna extraña e impredecible posibilidad abandono la escena, Él será capaz de ingeniárselas sin mí.)

5. La moral es el corazón del mensaje cristiano. (La verdad: La gracia es el corazón del mensaje cristiano.)

6. En mi lecho de muerte lamentaré no haber logrado más. (La verdad: Si llego a tener tiempo de lamentarme, lo haré por no haber amado más profundamente y gozado la vida a plenitud.)

7. La mayoría de los cristianos (incluyéndome a mí) son perezosos y no comprometidos. (La verdad: La mayoría de los cristianos (incluyéndome a mí) están consumidos y desilusionados).

8. La mayoría de los cristianos (incluyéndome a mí) necesitan aprender el valor del trabajo pesado y de la determinación persistente. (La verdad: La mayoría de los cristianos (incluyéndome a mí) necesitan aprender a relajarse y sentir gozo).

9. Es erróneo y egocéntrico concentrarme en mi dicha. (La verdad: El gozo es una de las pruebas de la presencia de Dios en mi vida.)

10. La vida es algo muy severo y debo tratarla con toda seriedad. (La verdad: La vida es un regalo sagrado lleno de excitantes posibilidades, y debo vivir en constante gratitud por ello.)

Lo digo otra vez para dar mayor énfasis: Mucha de nuestra miseria es infligida por nosotros mismos. Esto *suena* como mala noticia, pero esta premisa en realidad lleva una promesa oculta. Si *somos* los causantes en gran medida del estrés que nos aqueja, esto significa que tenemos control sobre ello. En otras palabras, lo que *provocamos* también podemos *desactivarlo*. No somos muñecos de trapo a merced de presiones demoníacas sobre las cuales no tenemos poder. Y si hemos elegido formas de vivir que inducen al estrés, también podemos optar por actitudes que permitan el fluir de manantiales de paz interior. El estrés que experimentamos, en gran proporción, se encuentra en nuestras propias manos.

Aquí está la línea divisoria: Hasta que no nos percatemos que la mayoría del estrés es una elección, nunca sabremos que podemos cruzarla y dirigirnos hacia la paz interior. Calladamente maldeciremos nuestro destino, anhelaremos un mejor trabajo, suspiraremos por una familia más comprensiva y nos volveremos cada vez más desdichados con el correr de los días. Mientras pensemos que el estrés proviene "de afuera", haremos pocos esfuerzos en tratar con él. ¿Por qué combatir lo inevitable?[34]

9

El estrés en las mujeres

Hemos visto las características de estar estresado, pero ahora seamos específicos. ¿Qué contribuye al estrés, digamos, en la vida de una mujer?

Lo que es motivo de estrés para una mujer puede no serlo para otra. Sus antecedentes, experiencias en la vida, la forma en que enfrentó los contratiempos de esta, y su estructura neurológica, afectarán su respuesta a las situaciones de fatiga nerviosa.

Recuerde, no todo estrés es malo. El adecuado nos puede motivar y activar, y no es de larga duración. Provoca un sentimiento de euforia.

Una terapeuta, investigando entre anotaciones recopiladas en una década de trabajo con clientes femeninas, buscó información del estrés que las mujeres podrían clasificar como propio:

- El asociado con la fisiología: desarrollo de los senos, menstruación, embarazo y menopausia.
- El que tiene conexión con los cambios de la vida: la transformación en esposa o madre, soportar un divorcio o un colapso económico, entrar en los cuarenta en una

sociedad orientada a lo juvenil, tener hijos adultos que vuelven al hogar, viudez, etc.

- El estrés sicológico experimentado por la mujer soltera solitaria y el ama de casa, sobrellevando la presión de romper con la rutina y volver a la universidad o desarrollar una carrera. Está también, el experimentado por las mujeres profesionales presionadas a abandonar su ocupación, regresar al hogar y ser un miembro más de la familia, o el estrés soportado por una mujer exhausta que trabaja, y se encuentra constantemente escasa de descanso y dinero.

- Existen los no tan aparentes motivos de estrés, que no solo tienden a distraer a una mujer, sino con el tiempo, a agotar sus recursos, conduciéndolas al agotamiento. Estos incluyen la presión del viaje al trabajo, el estar aisladas con niños pequeños, el crimen, la amenaza de ser atacada por su condición de mujer, combatir el chovinismo de otros y soportar acoso y comentarios acerca del sexo.

- Finalmente, están las crisis de la vida que lamentablemente tienden a ser manejadas más, por las mujeres que por los hombres. Estas pueden incluir la atención de un padre o un hijo enfermo o moribundo, criar un niño minusválido y lidiar con las secuelas de su divorcio o el de alguno de sus hijos.[35]

¿Por qué las mujeres experimentan estrés?

Echemos un vistazo más de cerca a algunas de las razones por las cuales, cualquier mujer en la actualidad, puede sentir estrés.

Barreras, sentimientos contradictorios, cambio de expectativas. En el libro *Beyond Chaos: Stress relief for the Working Woman*, Sheila West habla acerca del "techo de vidrio" y de lo que ella denomina "el efecto tambaleo o aturdimiento". El techo de vidrio es una barrera transparente, que permite a las

106

mujeres tener una visión, pero les impide a su vez, obtener posiciones más elevadas en la escalera empresarial.

El efecto tambaleo o aturdimiento es difícil de superar, ya que sus ingredientes son el cambio más la ansiedad, igual a incertidumbre. Muchas mujeres experimentan este fenómeno. El cambio frecuente, junto con el desasosiego referente a sus labores, les hacen sentir como si acabaran de salir de un tornado.[36] Es la mezcla de sentimientos opuestos: "Oh, realmente quiero trabajar" versus "¿Cuándo podré dejar esto?" y "¿Esto siempre será así?"; "Esto es tan desafiante e informativo" versus "¿Cómo podré sobrevivir a todas estas fechas de vencimiento?¡Auxilio!" Sheila West comenta acerca de los sentimientos contradictorios que crean un sentimiento de incertidumbre en las mujeres:

Para muchas, la indecisión surge cuando ocupan un simple puesto de trabajo en lugar de estar haciendo una carrera. Un trabajo es aceptar una tarea que debe ser cumplida. Una carrera es la búsqueda de resultados significativos a largo plazo, aun cuando la profesión se base en períodos cortos.

Si yo voy a trabajar solamente porque «tengo un trabajo», esto confina mi perspectiva a un estrecho sector de la realidad. La frase «tengo un trabajo» suscita desagradables asociaciones: tareas mundanas, rutinas aburridas, algo que debe soportarse. En este tipo de entorno, nuestros sentimientos están obligados a fluctuar con actividades diarias en un mal humor sin sentido. Muy pronto comenzaremos a preguntarnos: "¿Y ahora qué?" Cuando no tenemos seguridad de lo que estamos logrando o desconocemos las reglas básicas para hacerlo, y recibimos un cheque miserable, seguiremos cuestionándonos si hemos hecho la elección correcta.

Pero las mujeres atrapadas en trabajos de bajo nivel, no son las únicas que sufren el enfrentamiento entre las expectativas y la realidad. Aun las profesionales son atrapadas con frecuencia en depresión por desempeñar labores en el supermercado. No parece haber seguridad o continuidad en muchos campos.

Las mujeres a menudo consideran que permanecer en el plano competitivo, se refiere en mayor grado a escalar, aun a traición, que a mantener logros. La excitación de un nuevo desafío abre paso a la agonía de actuar a prisa, para estar adecuadamente preparado. Creemos saber qué deseamos, pero una vez obtenido, no estamos seguros de que eso era lo que teníamos en mente.

El efecto tambaleo o aturdimiento, nos mantiene frustrados por el constante esfuerzo de probarnos a nosotros mismos, la energía requerida para evitar confrontaciones innecesarias con los demás, y el permanente estrés de tener que mantener un rendimiento de alta calidad. El estrés puede alcanzar el punto en que aun, gustándonos lo que hacemos, anhelamos desprendernos de ello, de cualquier forma. El placer del resultado, simplemente no le da valor a la lucha por sobrevivir.[37]

Otro problema es ser soltera en un mundo de casados. La mujer contemporánea tiene más probabilidades de experimentar un divorcio. Se estima que la mitad o las dos terceras partes de las que se han casado en los ochenta terminarán divorciándose, que es mayor el número de mujeres que no llegarán al matrimonio, y que muchas de ellas, nunca tendrán hijos. Un gran número de mujeres es menos dependiente de los hombres. En 1990, solo 31% de estas, creían que necesitaban un compañero para ser verdaderamente felices. En 1970, 66% pensaba así.[38]

Sin embargo, si usted es soltera, experimentará estrés por ello, especialmente si está envejeciendo y desea casarse. Si tiene más de treinta y cuatro años, enfrenta un problema, dado que la cantidad de hombres disponibles, es muy escasa. El estrés de "tengo que encontrar a un hombre" que impulsa a muchas mujeres en los treinta y los cuarenta, les impide vivir una vida de plenitud.

Se añade a esto otro estrés: ¿Cómo ve nuestra sociedad a las mujeres solteras? ¿De forma positiva o negativa? El estereotipo declara que no son felices y tienen, tal vez, algún defecto grave.[39]

Nuevas libertades, menos opciones. Causa mucho estrés el hecho de que pocas mujeres, ven cumplido en su vivir, el sueño que acariciaban mientras crecían. Sí, hay nuevas libertades y cambios, pero también menos opciones. Un matrimonio estable, hijos, manejar el trabajo y el hogar no son cosas seguras. La vida es cada vez más impredecible. Estamos acostumbrados a escuchar que las mujeres pudieran tener todo lo que quisieran. Muchas han quedado desencantadas con esa idea: además de no funcionar, las nuevas opciones y estilo de vida se hacen acompañar de un enorme estrés, incluso más, en estos tiempos.

Se presentan mayores oportunidades de empleo para mujeres; pero en consecuencia, la fatiga nerviosa se intensifica en ellas. Esposas y madres, al concluir sus faenas afuera, aún tienen sobre sí, el peso de las tareas del hogar, y se espera que esto sea hecho como antes, cuando solo eran amas de casa. Los maridos no ayudan mucho en este aspecto, en parte porque escapan fácilmente de esa responsabilidad. Como es natural, esto causa estrés, enojo y finalmente resentimiento.

Culpa respecto al trabajo. Muchas mujeres que trabajan fuera de casa, y especialmente las madres, luchan con este punto. Para compensar, ellas redoblan el esfuerzo en casa, demostrando así, que son madres adecuadas y pueden desarrollar ambas responsabilidades, su trabajo y los quehaceres hogareños. Muy pronto se sienten estresadas, continúan en el vacío y son candidatas a un colapso.[40]

Ama de casa con un matrimonio problemático. En muchas ocasiones he escuchado, que al final, las mujeres más satisfechas son aquellas que permanecen en casa (es decir, "su verdadero lugar") y crían a sus hijos. Si usted está entre los que concuerdan con esta declaración, se sorprenderá con el informe emitido en el año 1990, por la American Psychological Association National Task Force on Women and Depression.

El reporte cita un estudio que clasifica a las mujeres en orden creciente de nivel de depresión.

Aquí está la clasificación, con las mujeres menos deprimidas indicadas primero:

1. Esposas empleadas, con una combinación de baja tensión, tanto marital como laboral.

2. Esposas empleadas, con baja tensión marital pero alta en lo laboral.

3. Mujeres solteras, con baja tensión laboral.

4. Esposas que no trabajan fuera de casa, con baja tensión marital.

5. Mujeres solteras empleadas, con alta tensión laboral.

6. Esposas empleadas, con alta tensión marital y baja en lo laboral.

7. Mujeres solteras, sin empleo.

8. Esposas empleadas, con alta tensión marital y alta tensión laboral.

9. Esposas que no trabajan fuera de casa, con alta tensión marital.

Las mujeres más felices son aquellas que están complacidas con sus trabajos y sus matrimonios. Las menos felices, tienen un riesgo aproximadamente cinco veces mayor de deprimirse que las anteriores; son amas de casa con matrimonios problemáticos.

Demasiado que hacer, escaso el tiempo. El tiempo es uno de los que propicia estrés en la mayoría de las mujeres. Aun poseyendo problemas financieros, dos de cada tres mujeres manifiestan que prefieren tener más tiempo, que dinero.[42]

110

Muchas mujeres agregan presión a sus vidas, al hacerse cargo de muchas cosas o intentando lograr demasiado en un tiempo limitado. Con frecuencia se involucran en nuevas actividades, sin evaluar cuáles son realmente importantes y por consiguiente ninguna es desechada. Las mujeres presionadas por el tiempo pueden estar motivadas por sus propios ideales irreales, por las expectativas de otros, o por ambos.

La fatiga. Como se dijo en un capítulo anterior, las mujeres aceptan que la fatiga, es el factor número uno en hacerlas vulnerables a la ira. Es también uno de los principales contribuyentes a la depresión y el estrés. Muchas mujeres, solteras y casadas, comienzan a sentirse desgastadas al hacer malabarismos, enroladas al unísono, en una carrera profesional y en satisfacer las demás exigencias de sus vidas.

El insuficiente descanso es también un factor importante. En el libro *Losing Sleep* se indica que existe una epidemia de insomnio que arrasa el globo.[43] La revista *Time* se refiere a la evidencia de que la privación de sueño, se ha transformado en uno de los problemas principales en nuestro país.[44]

La mayoría de las mujeres no duermen las siete u ocho horas requeridas, según expertos, para funcionar de modo óptimo. Promedian solamente de cinco a seis horas por noche, una cantidad insuficiente, lo que con el tiempo, desgastará los recursos de una persona. Muy poco descanso tiene como resultado un menor control emocional, energía, menor claridad de pensamiento y una mayor tendencia a contraer enfermedades, tener accidentes, conflictos e ira.

El aburrimiento. El aburrimiento, o carencia de sentido a lo que hace, puede causar estrés. Esto quizás le asombre, pero es cierto; la rutina o el tedio puede transformarse en estrés. Las amas de casa y quienes desempeñan trabajos rutinarios se enfrentan a ello. A veces una mujer tiene que esforzarse para descubrir el significado de lo que hace. Tal vez necesite volverse creativa y desarrollar nuevas formas de responder a su monótono entorno.

Expectativas irreales. Las expectativas irreales lo mantendrán bajo estrés. Las poseemos acerca de nosotros mismos y de los demás. ¿Pero, pueden todas alcanzarse? ¿De dónde provienen? Los perfeccionistas son personas con expectativas excesivas e inalcanzables. Son excelentes candidatos al estrés. Existe una diferencia entre vivir una vida de perfeccionismo (o intentarlo, dado que nadie aún ha tenido éxito hasta ahora) y una de excelencia. El diccionario indica que ser perfecto es ser "completo e intachable en todo aspecto". Excelencia es definida como "sobresaliente bueno o de un mérito excepcional". La perfección se define por absolutos. Excelencia, por otro lado, significa que usted actúa, lo mejor que puede, pero aún comete errores.

El perfeccionismo es un estado final, mientras que la excelencia deja lugar al crecimiento. Aspirar a la excelencia permite perdonar. Un perfeccionista podrá ser 98% exitoso en algo, pero permite que 2% le opaque el triunfo. Se enfoca en la falla y no ve el valor del progreso. Recuerde que si se está esforzando por ser un perfeccionista, aún está viviendo por obras y no ha aprendido a hacerlo por la gracia de Dios. Si el perfeccionismo es una lucha para usted, quizás se beneficiaría leyendo *Hope for the Perfectionist*, (Esperanza para el perfeccionista) escrito por David Stoop.

Conflictos de roles. Estos también contribuirán al estrés. Si está en un trabajo equivocado, esto podrá ser un motivo de estrés. Lo mismo sucede si es ama de casa y prefiriera continuar una carrera. Sentirse obstruido motivará su ira.

Bloqueos de comunicación. Si tiene una relación, ya sea de noviazgo o matrimonio, y la comunicación abierta está bloqueada, el estrés será cimentado. Las relaciones se construyen sobre la comunicación. Cuando un cónyuge o un padre rehúsa a hablar o presiona a otros para que callen, habrá resultados dañinos. En una relación matrimonial, si uno de ambos es sumamente introvertido o impone el silencio, puede desarrollarse poca intimidad. Esta es una de las mayores causas de rompimiento y destrucción marital.

Presiones en el trabajo. La década de los noventa, se nos presenta como "la era de la nueva mujer". En la actualidad trabaja mayor cantidad de ellas, que antes. Se estima que 90% de las mujeres de este país (USA) han trabajado o trabajarán por dinero, en algún momento de sus vidas. La mayoría de ellas trabajan porque lo necesitan, pero muchas han manifestado que lo harían aun sin necesitarlo, porque han apreciado los beneficios que esto les reporta. En estos tiempos, se incrementa el número de las que ven su labor como una carrera, más que un simple trabajo, lo que significa que tienen una mayor inversión personal en él.

Los trabajos que las mujeres desempeñan hoy, se encuentran entre los más estresantes y llenos de presión. En 1988 las mujeres totalizaron 39% de todas las posiciones administrativas, de gerencia y ejecutivas, un salto de 13% en comparación con los diez años anteriores.

Ellas han descubierto que el trabajo no solo trae consigo dinero, sino también estrés. A veces este último sobrepasa los beneficios. Muchos factores contribuyen a ello:

- Llevar una gran responsabilidad, pero poca autoridad o control.
- Tener gran cantidad de trabajo, pero insuficiente tiempo para completarlo.
- Poseer un fuerte deseo de superarse en su trabajo, pero las posibilidades son limitadas.
- Descubrir que usted es más competente que su jefe, pero seguir siendo ignorado.
- Recibir baja remuneración por lo que se hace, o descubrir que hombres en la misma posición, ganan más.
- Tener mucho para hacer, pero ser interrumpido constantemente.
- Hacer tareas que no son excitantes, desafiantes o estimulantes, sino aburridas y redundantes.
- Experimentar acoso sexual o discriminación en su trabajo.
- Tener un trabajo eclesiástico (en el que con mayor frecuencia se experimentan los factores anteriores).[46]

La mujer tipo A

El "Síndrome tipo A" descrito por los cardiólogos Meyer Friedman y Ray Rosenman, era en general, una condición mayormente experimentada por los hombres en busca del éxito. Pero en la actualidad, artículo tras artículo está argumentando esta condición, como un definido potencial para mujeres en puestos de altas exigencias. Los factores más peligrosos relacionados con este problema son el apremio del tiempo y la ira crónica. Mucho de la ira proviene del insuficiente tiempo disponible y demasiado para hacer, expectativas irreales y culpa.

Una mujer o un hombre tipo A experimentan una *hostilidad libre y flotante*, un sentimiento de constante ira interior. Esta hostilidad aumenta de frecuencia, surgiendo a la menor frustración. Una mujer tipo A será inteligente ocultando esta tendencia o encontrando excusas y razones para su irritación. Pero ella se perturba con frecuencia y de manera desproporcionada, respecto al motivo de su irritación. Exterioriza demasiado la crítica. Desprecia y rebaja a los demás.

El *sentido de apremio del tiempo* de una persona tipo A se manifiesta de dos formas. Primero, acelera sus actividades. La forma en que piensa, planea y ejecuta tareas es apresurada. Habla más rápido y obliga a otros a hacer lo mismo. Es difícil relajarse en su presencia. Todo tiene que hacerse con más rapidez y siempre busca formas de aumentar la velocidad. Segundo, ella «cocina» muchas ideas y actividades, a la vez. Su tiempo libre no reduce la tensión, porque aun tiene programadas actividades en exceso. Intenta encontrar más tiempo y trata de hacer dos o tres cosas al unísono. Se extralimita en una multitud de proyectos y con frecuencia algunos quedan sin realizar.

Con el tiempo, su cuerpo le dirá si su comportamiento es del tipo A. El cuerpo de una persona como esta, segrega más noradrenalina, una hormona que contrae los vasos sanguíneos y aumenta la presión de la sangre.

Estrés acumulado

En 1970, dos médicos llamados T.H. Holmes y R.H. Rahe desarrollaron la prueba Holmes-Rahe del estrés, la cual fue ampliamente utilizada y recientemente revisada y actualizada para mujeres. Esta prueba Holmes-Rahe está basada en una serie de sucesos de la vida, recibiendo cada uno una puntuación por su potencial o valor de estrés. En la prueba del año pasado, los investigadores descubrieron que individuos con más de 300 puntos tenían 80% de posibilidades de experimentar una enfermedad o depresión en los próximos dos años, debido a la cantidad de estrés que estaban experimentando. Los resultados mostraban la relación entre el estrés de los cambios de vida y el estrés físico y emocional.

En el registro actualizado, fueron entrevistadas dos mil trescientas mujeres de veinte estados, para ver cómo eran afectadas por los mismos eventos del listado original. Los diez mayores motivos de estrés se detallan a continuación, con su clasificación original y la actual. Los números en paréntesis son los valores en puntos para cada uno.

LOS DIEZ MOTIVOS MAYORES DE ESTRÉS

Nueva escala	Motivo de estrés	Escala anterior
1	Muerte del cónyuge (99)	1
2	Divorcio (91)	2
3	Matrimonio (85)	7
4	Muerte de un familiar cercano (84)	5
5	Despedido en su empleo (83)	8
6	Separación conyugal (78)	3
7	Embarazo (78)	12
8	Condena a prisión (72)	4
9	Muerte de un amigo íntimo (68)	17
10	Jubilación (68)	10 [47]

A aquellos que participaron en la encuesta actualizada se les dio la oportunidad de añadir nuevos motivos de estrés al

115

listado original. La lista a continuación muestra los trece aspectos más mencionados, e indica asimismo qué porcentaje de los encuestados hicieron referencia al mismo. (Tenga presente que esta muestra fue tomada de dos mil trescientas mujeres.)

NUEVOS MOTIVOS DE ESTRÉS

Motivo de estrés	Porcentaje de encuestados que hizo mención a él
Enfermedad de los padres	59
Esposo sin trabajo	58
Enfermedad de un hijo	58
Enfermedad del cónyuge	55
Fármaco dependencia	31
Nuevo casamiento	29
Viajes de rutina	27
Persecución criminal	26
Depresión	23
Criar adolescentes	22
Jubilación del esposo	22
Infertilidad	19
Madre o padre soltera(o)	18

Es muy ilustrativo notar la clasificación de estrés para estos y otros nuevos aspectos. Esto se muestra a continuación.

CLASIFICACIÓN DE LOS NUEVOS MOTIVOS DE ESTRÉS

Motivo de estrés	Puntos
Un hijo minusválido	97
Madre soltera	96
Nuevo casamiento	89
Depresión	89
Aborto	89
Enfermedad de un hijo	87
Infertilidad	87
Enfermedad del cónyuge	85
Persecución criminal	84
Jubilación del esposo	82

Cuidar a los padres	81
Criar adolescentes	80
Fármaco dependencia	80
Enfermedad de los padres	78
Soltería	77[48]

Los cambios en los patrones de estrés son muy claros. ¿Dónde acomoda usted todo esto? ¿Está de acuerdo con la clasificación dada a los motivos de estrés? ¿Cuáles son los cinco mayores de ellos, en este momento en su vida? ¿Cuáles son los efectos particulares de cada uno?[49]

Cómo disminuir el estrés

¿Cuál es la respuesta? ¿Cómo disminuir el estrés en su vida? Existen siete pasos a tener en cuenta. Podría tratar de cambiar su entorno, ya sea las condiciones de trabajo, el programa hogareño, viajes o mudanza. Sin embargo, algunas cosas son difíciles de transformar. Las técnicas de relajamiento son de ayuda. A veces se prescriben tranquilizantes para el estrés, pero recuerde que algunos se vuelven excesivamente dependientes de ellos.

Quizás el mejor método, después de ejecutada toda la acción correctiva posible, sea el cambio de sus ideas y perspectiva respecto a lo que sucede en su vida. En el corazón de la mayoría de las fatigas nerviosas está nuestra actitud, nuestro sistema de opinión. Si está bloqueado en una autopista y tiene una cita en veinte minutos a la cual ahora llegará tarde, ¿qué se dice a sí mismo? Muchas personas están sentadas y comienzan a agitarse y a hacer declaraciones tales como "¡No puedo llegar tarde! ¿Quién nos está deteniendo? ¿Cómo se atreve? ¡Tengo que salirme de este carril!" Luego se apoyan en la bocina y miran ferozmente a los demás.

Sé que es un inconveniente estar atascado, retrasado, perder el ómnibus, que se incremente el trabajo justo en el último minuto, o quebrarse una uña precisamente antes de entrar a la iglesia. Pero el factor clave que le impide sentir que está por ser víctima de un colapso es tomar el control de sus circunstancias, dándose permiso de estar en la situación que le aqueja, ya sea porque sus planes se han desestabilizado; por recibir demasiado trabajo, o lo que fuere. Esto lo pondrá en control nuevamente y sentirá que existe una esperanza.

Esto funciona. Lo he comprobado. Y puede ser efectivo para usted. Es aprender a poner en práctica Filipenses 4:13: "Todo lo puedo en Cristo que me fortalece". Proverbios indica también: "Todos los días del afligido son malos, (por pensamientos ansiosos y presagios) pero el de corazón alegre tiene un banquete continuo (sin importar las circunstancias)".

He aquí una cantidad de sugerencias para cambiar sus respuestas y reducir el estrés y la fatiga en su vida. Efectuar estos cambios podrá ser incómodo al principio porque usted está desechando una forma de vida que es cómoda, aunque potencialmente destructiva. Le podrá llevar un tiempo darse cuenta del cambio, y ciertamente requerirá un cierto esfuerzo, pero vale la pena con el fin de reducir el estrés.

- Cada día piense en las causas de su apremio por el tiempo y en la razón por la que se siente estresado. Anote una de las consecuencias.
- Como parte de su nuevo programa, lea en forma pausada *When I Relax I Feel Guilty*, (Cuando descanso me siento culpable) por Tim Hansel u otro libro que trate de sentirse culpable si se descansa.
- Reduzca su tendencia a pensar y hablar rápidamente haciendo un esfuerzo consciente de escuchar a los demás. Transfórmese en una persona "pronta para oír" (Santiago 1:19. Haga preguntas que estimulen a los demás a seguir hablando. Si tiene algo que decir, pregúntese: "*¿Quién quiere verdaderamente escuchar esto? ¿Es éste el mejor momento para compartirlo?*"
- Comience cada día pidiéndole a Dios que le ayude a dar prioridad a lo que realmente la requiera. Luego ejecute solo aquello para lo cual tiene tiempo. Si siente que

puede lograr cinco cosas durante el día, haga solo cuatro. Anótelas primero y luego evalúe su cumplimiento.

- Si comienza a sentir presión para finalizar sus tareas, hágase estas preguntas: *¿Completar esta tarea tendrá importancia en tres o cinco años? ¿Debe hacerse ahora? Si es así, ¿por qué? ¿No lo pudiera realizar otro? Si no, ¿por qué no?*

- Trate de realizar una cosa cada vez. Si está yendo al baño, no se cepille los dientes al mismo tiempo. Si espera a alguien en el teléfono, no intente leer a la vez, la correspondencia o una revista. En su lugar, mire un cuadro refrescante o haga algunos ejercicios de relajamiento. Cuando alguien le hable, baje su periódico, revista o deje de trabajar y bríndele a esa persona toda su atención.

- Tenga un momento de relajamiento sin sentirse culpable. Permítase disfrutar. Dígase que todo está bien, dado que realmente es así.

- Reevalúe su necesidad de aprobación. En lugar de buscar la aprobación de los demás, dígase a sí mismo de modo efectivo: "Hice un buen trabajo y me puedo sentir bien por ello".

- Comience a mirar el comportamiento tipo A en otros. Pregúntese: *¿Me gusta verdaderamente la conducta de esta persona y su forma de responder a los demás? ¿Quiero ser igual?*

- Si usted posee la tendencia de preguntar "¿Cuánto?" y "¿Cuántos?" y pensar en números, cambie esa forma de evaluar situaciones y a los demás. Exprese sus sentimientos con adjetivos, no con números. (Esto parece ser más difícil para los hombres.)

- Comience a leer revistas y libros que no tengan nada que ver con su vocación. Vaya a la biblioteca y elija novelas o libros de diferentes tópicos. Arriésguese, pero ponga su mirada en cuántos diferentes pudo leer, ni alardee ante los demás acerca de este "logro".

- Ambiente su hogar u oficina con música suave de fondo, para ofrecer una atmósfera tranquilizante.
- Elabore un plan para manejar o viajar al trabajo cuando el tránsito sea liviano. Conduzca en el carril lento de la autopista o carretera. Trate de reducir su tendencia a manejar más rápido que los demás o a la misma velocidad que ellos.
- Elija días para dejar en casa su reloj. Registre cuántas veces miró su muñeca durante ese día.
- Grabe una de sus conversaciones, ya sea telefónica o de esas durante la cena y vuélvala a escuchar. Note si es usted el que más habla, interroga o escucha las respuestas. ¿Busca hacer algo adicional mientras habla por teléfono? ¿Trata de acelerar su conversación suministrando los finales de las frases de su interlocutor? ¿Interrumpe o cambia el tema para que se acomode a sus necesidades?
- No evalúe su vida en términos de cuánto ha logrado o cuántas cosas materiales ha adquirido. Haga memoria por unos minutos las experiencias que a diario haya disfrutado más. Tómese un tiempo para soñar como un niño, con sus experiencias placenteras.
- Haga que su hora al mediodía sea un tiempo de descanso, lejos de su trabajo. Vaya de compras, curiosee por las tiendas, lea, o almuerce con un amigo. Si hace esto último, haga anotaciones acerca de las inquietudes que le compartió esa persona y utilícelas como guía de oración. Tenga interés en saber cómo le está yendo a esa persona. Puede hasta llamar a alguien diferente cada semana. Hágale notorio su interés e intercesión.
- Comience su día quince minutos antes y haga algo que disfrute. Si tiende a pasar por alto el desayuno o comer parado, siéntese y emplee el tiempo para comer. Mire alrededor de la casa o por afuera y fije su interés en algo agradable que hasta entonces le haya sido inadvertido, por ejemplo flores abriendo o una hermosa pintura.

- Comience a reconocer sus valores. ¿De dónde provienen y cómo se ajustan a las enseñanzas de las Escrituras?
- Cuando llegue a su casa, anuncie a los demás (aunque sea solamente al gato), que los diez minutos siguientes le pertenecen. Al regresar de su oficina, relájese antes de lidiar con los asuntos del hogar. Lea mientras toma algo en un restaurante por diez minutos. Deténgase en la iglesia cinco minutos para orar en la quietud del santuario. Haga de esto una parte normal de su día.
- Esto sonará como una locura, pero elija la fila más larga del supermercado para practicar la espera sin perturbarse. Dese permiso para estar en una larga fila. Descubra cómo puede hacer que el tiempo transcurra agradablemente. Especule acerca de las vidas a su alrededor. Hable con ellos de cosas positivas, no de la longitud de la fila. Traiga a la memoria nuevamente agradables recuerdos.
- Mientras practique juegos o deportes, ya sea tenis, naipes o esquiar, hágalo por placer y no por competencia. Comience a buscar el gozo una buena carrera o en una extraordinaria reunión, y los buenos sentimientos que vienen con la recreación que ha estado omitiendo.
- Si posee la tendencia a preocuparse, siga las sugerencias de este libro.
- Permítase más tiempo del que necesita para su trabajo. Programe tiempo e intervalos más largos. Si por lo general se toma media hora para una tarea, permítase cuarenta y cinco minutos. Podrá apreciar un incremento en la calidad de su trabajo.
- Evalúe lo que está haciendo y cómo lo está llevando a cabo. Lloyd John Ogilvie ofrece algunos panoramas internos de nuestras motivaciones y de las presiones que creamos:

«Decimos: "¡Oh Dios, qué ocupado estoy!" Comparamos agotamiento con una vida efectiva y plena. Con

propósitos indefinidos, redoblamos nuestros esfuerzos en una crisis de identidad de significado. Expo-
nemos estadísticas de rendimiento con la esperanza
de que signifiquemos algo en nuestra generación.
¿Pero para qué o para quién?

La mayoría de nosotros nos volvemos frustrados y
suplicamos por tiempo para simplemente existir,
pero ¿sostienen esta petición nuestras decisiones
en la vida? Un cristiano es libre de dejar de escapar
de una vida de exceso de compromisos.»[50]

En uno de los sermones del Dr. Ogilvie, trajo dos preguntas interesantes que se relacionan con lo que hacemos y cómo
lo estamos haciendo: "¿*Qué está haciendo con su vida que no
podría hacer sin el poder de Dios?*" y "¿*Vive su vida de acuerdo
con su propia suficiencia o de acuerdo a la abundancia de las
riquezas de Cristo?*" Ambas preguntas merecen una respuesta
honesta.

La respuesta fundamental al estrés

La verdadera respuesta al estrés se encuentra aplicando la
Palabra de Dios a su vida. Lo que he hecho con numerosos
pacientes es sugerirles que lean los siguientes pasajes en voz
alta varias veces al día. Quizás quiera hacer lo mismo.

> *Y a aquel que es poderoso para afirmaros conforme a mi
> evangelio y a la predicación de... Jesucristo, según la revela-
> ción... del misterio que ha sido mantenido en secreto...
> durante siglos sin fin.*
>
> Romanos 16:25

> *También les dijo (Esdras): Id, comed de la grosura,
> bebed de lo dulce, y mandad raciones a los que no tienen
> nada preparado; porque este día es santo para nuestro
> Señor. No os entristezcáis, porque la alegría del Señor
> es vuestra fortaleza.*
>
> Nehemías 8:10

Él será la seguridad de tus tiempos, abundancia de salvación, sabiduría y conocimiento; el temor del Señor es tu tesoro.

Isaías 33:6

Al de firme propósito guardarás en perfecta paz, porque en ti confía.

Isaías 26:3

Por nada estéis afanosos; antes bien, en todo, mediante oración y súplica (pedidos definidos) con acción de gracias, sean dadas a conocer vuestras peticiones delante de Dios.

Filipenses 4:6

No te irrites a causa de los malhechores; no tengas envidia de los que practican la iniquidad (la cual no es recta o bien vista por Dios).

Salmo 37:1

10

El estrés en los hombres

Todo parece indicar que el estrés genera más efectos mortales en los hombres, que en las mujeres.

Las muertes por enfermedades combinadas del corazón, duplican sus probabilidades en los hombres, en relación con las mujeres. Las causadas por neumonía y gripe, las triplican, así como accidentes y los efectos perjudiciales de la droga.

Los hombres cometen suicidio en una proporción de tres a uno, comparado con las mujeres. Se registra 30% más de muertes de cáncer, masculinas que femeninas (lo cual puede tener relación con el estrés).

Los hombres parecen ser también en otras formas, más susceptibles al estrés. Se presenta un número mayor de muertes de seres masculinos, ya sea como fetos durante el embarazo, al nacer y aun siendo bebés muy pequeños. Los hombres viven una vida más corta que las mujeres. Pareciera que desde el nacimiento hasta la edad avanzada, los hombres son más propensos a morir antes de tiempo. Y son ellos quienes reflejan más problemas relacionados con el estrés, tales como hipertensión, arterioesclerosis, ataques al corazón y fallas cardíacas.

La vida está llena de potencial para el estrés. Todos lo enfrentamos. Con el aumento de información referente al estrés durante la década pasada, una persona tendría que estar ciega para no darse cuenta de su existencia. No siempre pueden eliminarse las fuentes del estrés, por lo cual el cambio debe provenir de nuestra *respuesta* a esas fuentes. Los hombres saben que el estrés afecta sus cuerpos y sus comportamientos, ¡pero necesitan convencerse de que el daño está ocurriendo *ahora*!

He conversado con muchos hombres que plantean saber, que con el tiempo el estrés tendrá un efecto negativo en sus vidas, pero enfatizan "con el tiempo". Existe un indicio de negación. Muchos hombres deben sentir primero los síntomas antes de admitir que existe un problema. Como dijo uno de cuarenta años: "Mire, no he tenido ningún problema de corazón, úlceras o alta presión arterial. Estoy realmente bien. Cuando mi cuerpo empiece a gritarme, entonces voy a escucharlo". El problema con este método es que los cambios ocurren lenta y calladamente. El cuerpo de un hombre puede estar emitiendo un grito silencioso, pero sus oídos no lo perciben. El estrés de hoy es la causa de dificultades personales mañana, desafortunadamente, afecta a otras personas *hoy*, ¡no mañana!

¿Quién recibe la acometida del estrés en la vida de un hombre? Todos, su familia, amigos y sobre todo él mismo, ¡pero especialmente, su corazón! Este último es el blanco principal de la destrucción provocada por el estrés.

La mayoría de las personas en la actualidad, viven en una situación tanto competitiva como exigente. Para muchos hombres, esto comienza a edad verdaderamente temprana y los mantiene esforzándose por seguir adelante. Muchos están viviendo en un estado de apuro constante, casi en emergencia. Cuando esto ocurre, los hombres se vuelven inconscientemente

126

dependientes de la sobreproducción, de adrenalina para lograr sus metas. Esta estrategia funciona, pero el costo es mucho más elevado de lo que ellos imaginan. El sistema cardiovascular experimenta cada vez más desgaste y desgarramiento, y la mayoría de los hombres ni siquiera perciben lo que les sucede hasta que aparecen síntomas claros. Sin duda usted ha visto que la persona que tolera la frustración, posee fuertes impulsos y siempre está apurada. Marque a esta persona como candidata para una enfermedad del corazón. Él (o ella) tiene un alto riesgo para un ataque cardíaco.

Las cuatro áreas del estrés

¿Conoce las cuatro áreas más importantes del estrés masculino? Georgia Witkin-Lanoil, ha identificado claramente cuatro áreas importantes de enfoque de esa fatiga nerviosa, como resultado de toda una década trabajando con hombres bajo estrés.

Inquietudes corporales. Usted no lo notaría al mirar a algunos hombres, pero para la mayoría, su imagen corporal es *extremadamente* importante. De muchachos, la altura, peso, y habilidad atlética eran primordiales; de jóvenes, la capacidad sexual. A edad mediana, el vigor es la mayor preocupación. Más adulto, es la salud el tema principal. Los hombres son fuertes, ¿pero, cuál de los dos sexos tiene mayor esperanza de vida? Los hombres son conscientes de esta discrepancia.

Inquietudes en su carrera. Escuche la pregunta que se le hace a un niño pequeño: "¿Qué quieres ser cuando seas grande?" La pregunta se repite una y otra vez mientras crece. Note que la pregunta es *qué*. No es *quién* desea ser o *cómo* él desea ser ¡sino *qué*! A edad temprana un hombre ya puede comenzar a inquietarse por su ocupación. Su identidad y autoestima están envueltas en el mismo paquete. Los mensajes que recibe desde temprana edad son: provee; produce, hazlo bien; gana mucho dinero; elige; y por encima de todo, ten el control. Pero la vida no siempre se comporta como lo

127

esperamos o predecimos. Cuando su carrera y su trabajo son imprevisibles, el logro de un hombre es asfixiado, sus expectativas son irreales y el control está fuera de su alcance. ¿El resultado? El estrés crece.

Inquietudes familiares. El hombre se debe ajustar a la transformación que experimenta, de ser un hijo por veinte años, a ocupar el rol de esposo y luego, padre. Y la mayoría de los hombres saltan a esos roles con anticipación o poca preparación. Emplean más tiempo preparándose para conseguir su licencia de conducir, que para casarse o ser padre. A los veinte, los hombres asumen muchos roles con exigencias, y cada rol lleva el rótulo de "imprevisible". Para aquellos que experimentaron el divorcio y luego un nuevo casamiento, el estrés se multiplica aun más.

Inquietudes personales. La mayoría de los hombres no perciben lo comunes que son las inquietudes personales. ¿Por qué? Porque son escasos los que comparten esas inquietudes al igual que sus sentimientos íntimos. Los hombres tienden a incrementar y escalar la intensidad de sus puntos de presión. Lo hacen de dos formas principales, no compartiendo sus sentimientos más íntimos y careciendo de amigos masculinos. Van solos por el mundo señalando "soy un hombre". Pareciera que es más importante dejar sentado un buen ejemplo de fortaleza, que resolver inquietudes internas. Sin embargo, tener un confidente es en realidad mucho mejor, que apoyarse en su propia confianza. La falta de una comunicación demostrando un débil vínculo con otra persona, es factor vital para el crecimiento del estrés y sus efectos.

Los hombres y mujeres tienen fatigas nerviosas similares, pero también experimentan presiones diferentes. Y entre las que tienen en común, aún se presentan diferencias. Lamentablemente, ambos sexos poseen poca comprensión del estrés particular del otro. Los hombres ven con frecuencia a las mujeres como "un lamento andante". Y estas ven los trastornos de los hombres como mínimos, en comparación con sus síntomas premenstruales, embarazo, parto y menopausia. Las mujeres tienen una estructura física en su sistema reproductivo, que les crea estrés y les hace vulnerables al mismo. Pero los hombres tienen un riesgo de *fatalidad* más alto por sus síntomas de estrés. La cuestión básica no es quién lo tiene peor sino ¿cómo puedo comprender a la otra persona para actuar mejor?

¿Cómo enfrentan esto, tanto hombres como mujeres?

Tomemos en cuenta algunas diferencias en el mecanismo de enfrentar situaciones de los hombres y el de las mujeres.

El *paso del tiempo*, con sus incertidumbres y mínimo factor de predicción, puede ser estresante tanto para hombres como mujeres. Los primeros sienten que el reloj que marca sus logros, se mueve con mucha lentitud. A cierta edad ellos hubiesen deseado lograr salarios, posiciones y formas de reconocimiento específicos. Los cumpleaños que corresponden con sus décadas, son importantes medidores de éxito. ¿Qué logró usted al llegar a los cincuenta? Los hombres tienden a celebrar más que las mujeres, sus cuarenta o cincuenta. De algún modo ellos disfrutan llamando la atención sobre estas fechas.

Tanto las mujeres como los hombres poseen un *deseo de logros*. Pero el estrés que encuentran en su camino varía para cada uno. A los hombres se les enseñó a ser más abiertamente competitivos. Hagas lo que hagas, "vence, vence, vence". Ya sea en un grupo, equipo o individualmente, *vencer* es lo mejor. Los hombres creen que el trabajo duro amortiza el esfuerzo, pero también crea competidores compulsivos. El hombre compite con otros en su trabajo, con el recuerdo de su padre, ¡y hasta consigo mismo!

¿Cuáles son las fuentes de estrés de los hombres? Donde este se presenta, hay poca satisfacción por el trabajo, vergüenza y surge la culpa; cuanto menos disfrutan su trabajo, más estrés sienten, al mencionar a otros lo que hacen para ganarse la vida. Para ellos, el trabajo es una trampa. Uno de los mayores motivos de estrés es sentir que se "pierde nivel". Vivimos con el temor de las compañías que se unen o reducen. Muchos hombres al comienzo de los cincuenta han perdido su empleo y se encuentran fuera de competencia en el mercado laboral.

Pareciera que los hombres aumentan su lista de síntomas a medida que pasa el tiempo. Observe el siguiente diagrama basado en una encuesta masculina.

Síntomas	*Edades*			
	18-29	30-39	40-49	50+
Alta presión arterial				X
Dolores musculares			X	X
Gastritis/Úlceras			X	X
Acidez estomacal		X	X	X
Dolor de cabeza	X	X	X	X

¡Ataque al corazón! Su sola mención trae una nota de temor al corazón de la mayoría de los hombres. ¿Por qué? Por ser muy común y porque los hombres son más propensos que las mujeres, a morir a consecuencia de ello. La susceptibilidad de un hombre no es solamente debida a su fisiología sino también a su sicología. El hombre competitivo, con su mirada puesta en logros y con una carrera de éxito, es también muy propenso a experimentar un ataque cardíaco.

Recuerde que ambos, hombre y mujer pueden ser de tipo A. Unido a la hostilidad que flota libremente y al sentido de apremio del tiempo del que hablábamos antes, este individuo tipo A afecta las vidas de los demás de un modo estresante. Su estrés alimenta el de los demás. El comportamiento tipo A es una lucha continua para lograr más y más, o de participar en más y más actividades en menor tiempo. El hombre tipo A carga y se sobrecarga con frecuencia enfrentando la oposición real o imaginaria de los demás. Está dominado por una oculta inseguridad interior acerca de su nivel y su autoestima, por una agresividad excesiva, o ambas inclusive. Le es fácil ser déspota y dominante.

El hombre tipo A es competitivo. No hay nada de malo en un sentido de competencia equilibrado, pero la persona a que hacemos referencia, está fuera de equilibrio. Su espíritu competitivo es intenso. Su motivación proviene de la excitación por vencer y odia que lo venzan. Compite en su trabajo, en un juego, en la familia y por supuesto, consigo mismo. Es difícil que los que se encuentran a su alrededor puedan relajarse.

Su característica común es la impaciencia. Demoras o interrupciones le crean irritación. Pero para él está bien interrumpir a otros, y así mostrarles formas mejores y más rápidas de solucionar cosas. Él termina las frases de los demás, y aunque sabe que es inútil, golpea varias veces el botón del ascensor para acelerarlo. Ha perfeccionado diferentes modos de mirar su reloj pulsera o a cualquier otro, para ver la hora.

Para él es común recargar su programa de actividades y tratará de hacer lo mismo con los demás. Posee un comportamiento y un modo de pensar polifacéticos, lo que significa que intenta realizar varias cosas a la vez. Se le puede observar tomando café, mirando una revista, hablando por teléfono y haciendo señas a otra persona para que venga a la oficina. Extremas exigencias se imponen sobre su capacidad de pensar, su fuente de energía y hasta su digestión. Él siente que la única forma de salir adelante es funcionando así. ¿Por qué perder el tiempo?

Otras características incluyen poca tolerancia a las frustraciones y un alto nivel de agresión. No puede relajarse sin sentirse culpable, y con frecuencia sufre de una pobre imagen de sí mismo, que lo conduce a la hostilidad que flota libremente, mencionada con anterioridad.

Hay una importante sanción por elegir vivir de esta manera. ¿Cuál es? *El hombre tipo A es cinco veces más propenso a tener un ataque al corazón que el hombre tipo B.* La persona tipo A es responsable por vidas y carreras frustradas tanto suya, como de otros. Se considera que tres enfermedades arteriales son causadas por el comportamiento tipo A: migraña, alta presión arterial y enfermedad cardíaca coronaria.

¿Cuántas criaturas de este tipo existen? Dependiendo de los estudios mostrados y si la población es urbana o rural, se estima que entre 50% y 70% de ella se clasifica de cierta forma como de tipo A.

¿Pudiera ser calmada la vida dentro del carril de alta velocidad? ¡Sí! He visto cambios tanto en hombres como en mujeres. ¿Cómo ayudar a su compañero en la vida que tal vez transite por este camino? ¡Lea! Existen sugerencias a tener en cuenta. Comience con *Adrenalina y Estrés por* Archibald Hart (Word), y *Treating Type A Behavior and Your Heart,* por Meyer Friedman y Diane Ulmer.

Cómo reconocer el estrés

De todos los indicadores de estrés, los signos de comportamiento son los más útiles, ya que se pueden reconocer y generalmente son repetitivos. El siguiente, es el resultado de una encuesta acerca del estrés masculino efectuada entre centenares de mujeres. Estos son los primeros signos, observados por las mujeres.

1. El hombre se vuelve verbalmente abusivo o crítico con su mujer o hijos. Esto fue indicado como número uno.

2. Apartarse y estar silencioso o preocupado, fue el segundo indicador de estrés más señalado.

3. Con frecuencia tienden a comer demasiado y ganar peso durante épocas de fatiga nerviosa.

4. Acostumbran a tomar más alcohol durante esos períodos.

5. Fatiga poco común, es otro signo.

6. Algunos hombres pretenden liberarse del estrés sumergiéndose más profundamente en su trabajo o actividades. Exhiben una vida agitada.

7. Los que fuman, lo hacen con mayor frecuencia, ya que según ellos, esto es un antídoto contra el estrés. Es especialmente difícil para esas personas fumar menos, en estos períodos.

8. Algunos manifiestan síntomas físicos tales como rechinar de dientes, golpearse ligeramente los dedos, mecer sus pies, o entregarse a pequeñas conductas compulsivas.

9. Excesiva tendencia a quedarse dormido.

10. Una sordera selectiva se vuelve muy común. El hombre lo desconecta a usted, aunque crea que le está escuchando.

11. Una forma temeraria de conducir y la tendencia a involucrarse en constantes cambios refleja estrés. Todo ello puede afectar sin duda, a otros miembros de la familia.

12. La adicción a la televisión puede ser utilizada como factor de distracción. El hombre tal vez ni le preste total atención, pero siente que estar frente a ella le distrae.

13. Observe gestos faciales como tic nervioso, parpadeo frecuente, tragar excesivamente y otros.

Características adicionales que pueden manifestarse son, por ejemplo, un incremento en los gastos monetarios, relaciones sexuales compulsivas o (lo más común), una pérdida del interés sexual.

¿Qué ha notado en la lista anterior? ¿Ha visto cuántos en realidad, son factores de distracción y cómo pueden muchos de ellos conducir a fatigas nerviosas adicionales? Ninguno de estos comportamientos deben ser pasados por alto, ya que afectan el organismo, el trabajo y la familia.

Primeros signos de advertencia

Existen varios indicadores sicológicos de estrés. Algunos de ellos se adjudican a hombres por otras razones, pero con frecuencia son signos muy acertados, que necesitan ser atendidos. Cualquiera de estas seis "D", como las describió un autor, pueden indicar el comienzo de un estrés. Más de uno lo refleja en niveles que oscilan de moderado a alto. ¡He visto a algunos hombres presentando los seis signos de advertencia!

Defensiva: Es una forma de negar que algo esté mal. Tal vez, al ponerla en práctica, se intente engañar a otros, o quizás en realidad el hombre crea en sus propios razonamientos. Esto refleja con frecuencia la irreal expectativa de que un hombre debería actuar siempre como tal: "Sé fuerte y no admitas problemas".

Depresión: Es un reflejo de ira y pérdida. Y es precisamente el descontrol, lo que molesta a tantos hombres.

Desorganización: Tiene efectos sobre la concentración, de modo que el hombre se vuelve olvidadizo, manifiesta una conducta repetitiva o no toma buenas decisiones. (¡Este es uno de los signos clave que me hacen reconocer que estoy estresado. Tiendo a olvidar con facilidad y me vuelvo un poco desorganizado aun al tener mis dos calendarios y llevar mis listas!)

Desafío: Es una forma de intentar recuperar el control. Ofrece al hombre la oportunidad de contraatacar, aun cuando frecuentemente no exista una razón real para responder de ese modo.

Dependencia: Refleja regresión, que sucede a hombres bajo estrés. Sería bueno que se tuviese cuidado con esto, pero la mayoría de ellos no son capaces de admitirlo a los demás.

Dificultad para decidir: Es común, aun en cuestiones menores. La sensación de falta de control o elección, puede impedir que un hombre tome una decisión.

Recuerde que los hombres se diferencian entre sí, tanto por la cantidad de estrés que pueden manejar como por la forma en que responden al mismo. Sus niveles de tolerancia varían, y cada uno experimenta estrés con diferente intensidad. Algunos de los síntomas masculinos han sido adquiridos de los modelos de hombres y sus experiencias al crecer.

Existen muchas técnicas de reducción de estrés, recomendadas en varios libros (por ejemplo, *Stress/Unstress: Treating Type A Behavior and Your Heart* y *When I Relax I Feel Guilty* por Tim Hansel). Estos incluyen ejercicios, meditación, técnicas de relajación, evaluación de las metas de la vida, y administración del tiempo. Un hombre necesita desarrollar respuestas saludables a las fatigas nerviosas impuestas por la vida y descubrir cómo él crea su propio estrés interno.

Estrés bueno/estrés malo

Existen cuatro factores que distinguen al estrés bueno del malo. Primero es su *sentido de la elección*. Si *elige* algo que implica presión, puede percibirlo más como experiencia estimulante que como estrés. Algunos hombres son adictos a la adrenalina. El desafío les sirve de estímulo. Eligen la presión, y en algunos casos, en exceso, permitiendo que la estimulación se torne desmedida y estresante sin que ellos se percaten de lo que les sucede.

Y cuando experimentamos presión sin control, la percibimos como estrés.

Segundo, el *control* es un factor importante. En la medida que uno siente la pérdida del mismo, se incrementa la fatiga nerviosa. En la vida se presentan sucesos mayores y menores, sobre los cuales, absolutamente, no tenemos control alguno. Irrumpen súbitamente en nuestra vida como un extraño invasor. Los hombres que poseen una excesiva necesidad de control, experimentan mayor estrés cuando carecen del mismo. En muchos casos, la proporción de control que necesita ejercer un hombre, guarda estrecha relación con la cantidad de inseguridad que se esconde, tras su apariencia controladora.

No creo que sepamos la totalidad de las fuentes del estrés en nuestras vidas. La reacción ante la fatiga nerviosa es diferente en cada hombre. Algunos han aprendido a aceptar los imprevistos de la vida y están, por consiguiente, más capacitados para enfrentarlos. Otros han sido derribados por la vida misma, se estresan por cambios en rutinas simples, por entrar a nuevas situaciones sociales, por el temor al fracaso y hasta por sus hijos.

Una de las más grandes fuentes de estrés surge cuando un hombre siente que la situación está más allá de su control. ¡Y puede ser algo muy simple!

- Los hombres sienten estrés al ser forzados a ocupar el asiento del pasajero en vez de ir al volante del automóvil.
- Lo experimentan también, si tienen que esperar una mesa en un restaurante, en una fila en el cine y con frecuencia eligen renunciar a ambos, para recobrar su sentimiento de elección.
- Se enfurecen ante autopistas en construcción y se exasperan por los "estúpidos" conductores que los perturban o detienen.
- Temen a los funerales y a la sicoterapia, considerándolos a veces, recordatorios depresivos de las incertidumbres de la vida.
- Posponen citas con el dentista u otros procedimientos que requieran de la intervención de otros.
- Se aterrorizan ante enfermedades que puedan interferir con su capacidad de controlar sus vidas.
- Prefieren peticiones a exigencias y libre elección ante las primeras, demostrándolo al negarse a sugerencias que en realidad hubiesen disfrutado.

El tercer factor relacionado con el estrés es la *capacidad de anticipar las consecuencias*. Cuando las exigencias y los efectos son impredecibles, es más difícil para algunos hombres efectuar los ajustes necesarios en la vida. Estos individuos son aburridos y estancados. Otros viven constantemente al filo de la expectativa de lo inesperado y sus cuerpos experimentan tensión.

El cuarto factor que ayuda a traer estabilidad y menos estrés aun cuando falten los anteriores, es una *actitud personal* tal que, ante las difíciles situaciones de la vida, capture la estabilidad desde una perspectiva bíblica.

Cada persona tiene la capacidad y la libertad de elegir su respuesta ante las dificultades y los problemas. Podemos decir: "Esto no es lo que yo quería o esperaba, pero aquí está y debo enfrentarlo. Van a ser tiempos difíciles, pero ¿cuál sería la mejor actitud, que me permita aprender al mismo tiempo? ¿Cómo puedo crecer con esto? ¿Cómo puede ser Dios glorificado a través de esta situación?"

11

Supere el agotamiento

En la actualidad escuchamos mucho acerca del fenómeno llamado "agotamiento". ¿De qué forma este y el estrés se relacionan? Cada año se escribe más y más literatura para intentar explicar las causas y características del agotamiento. Durante los últimos veinte años, hemos desarrollado un nuevo vocabulario, con el fin de explicar qué le ocurre al género humano. El mismo incluye palabras como estrés, crisis de la mediana edad, y agotamiento.

He aquí una definición simple de agotamiento: "desgastarse en el esfuerzo por alcanzar expectativas irreales impuestas por uno mismo o por los valores de la sociedad".

Otra definición es: "individuo en estado de fatiga o frustración por la devoción a una causa, modo de vida o relación que fracasó en producir la recompensa esperada". Dicho de otra forma:

Siempre que el nivel de expectativas sea dramáticamente opuesto a la realidad y la persona persista en alcanzar dichas expectativas, se avecinarán los problemas.

El agotamiento también ha sido definido como "síndrome de estar emocionalmente exhausto, despersonalizado, con un logro personal reducido, y que es más común entre quienes efectúan «trabajos del montón» de cualquier tipo".

El agotamiento es la respuesta a la tensión emocional crónica de lidiar prolongadamente con otros seres humanos. Si estos son problemáticos, entonces el agotamiento puede ser particularmente rápido y devastador, ¡y ciertamente creará estrés!

Si usted quiere una simple explicación de cómo responden las personas agotadas, analice la palabra en sí.

Nota del traductor: En inglés, agotamiento se traduce como "burnout", donde la palabra "burn" (quemar) nos trae la visión de calor, fuego, conflagración o ira y "out" (en relación con fuego, significa apagado) indica que nada ha quedado.

Algunas personas se vuelven iracundas en sus trabajos, con sus familias, amigos o empleadores. Esta es una ira que está hirviendo debajo de la superficie, lista para entrar en erupción y volcarse ante la menor provocación.

Respecto a "out" (apagado), no ha quedado nada. Es como si la persona hubiese partido de la vida misma. Ella abandona todo, afirmando que nada puede hacerse y que no hay esperanzas. Lastima a los demás al no actuar. Se ha escapado su energía, integridad, cuidados, amor y deseos. Experimentar agotamiento es continuar vacío.

Cinco áreas del agotamiento

El agotamiento es un proceso complejo que involucra las cinco áreas más importantes de nuestra vida: física, intelectual, emocional, social, y espiritual.

El aspecto *físico* se refiere a la cantidad de energía disponible para hacer lo necesario y deseado. El primer síntoma del agotamiento es una generalizada sensación de fatiga. Usualmente, las personas que lo padecen, no están involucradas con un programa de ejercicios, nutrición o de reducción de estrés. El aspecto *intelectual* se refiere a la agudeza con la cual una persona piensa y resuelve sus problemas. En el agotamiento, esta capacidad disminuye. Se reduce también la creatividad, aumenta el cinismo acerca de nuevos métodos y no existe un pasatiempo o formas de relajamiento intelectual.

El aspecto *emocional* se refiere a si la vida sentimental de una persona, es básicamente positiva o negativa. ¿Asume actitudes optimistas o pesimistas? ¿Existen otras vías emocionales de escape además del trabajo? ¿Puede comprender, esa persona, lo que le sucede emocionalmente? Si está demasiado sumergido en su trabajo y este comienza a deteriorarse, su vida entera pudiera rodar cuesta abajo. La depresión puede originarse por la pérdida de sueños y expectativas ligadas al aspecto laboral. Intereses externos balanceados, constituyen amortiguadores eficaces contra el agotamiento.

El aspecto *social* del agotamiento se refiere a los sentimientos de aislamiento comparados con los de involucrarse. ¿Qué tipo de sistema de apoyo tiene la persona? ¿Se siente en libertad de compartir sus sentimientos de frustración, ira, fatiga o desilusión? ¿Tiene a alguien que le preste atención? Lamentablemente, cuando una persona siente agotamiento, con frecuencia, no desea cargar a nadie con sus problemas, creando así más aislamiento para él.

El aspecto *espiritual* se refiere al grado de sentido que esa persona tiene en su vida. Si sus expectativas acerca del trabajo se han despedazado, empieza a sentir un vacío. Sus sueños y esperanzas acerca de lo que Dios iba a hacer con él o ella, se vuelven una fuente de decepción.

Algunos agotamientos son simplemente físicos. Una persona puede estar cansada de su trabajo, ya sea por las horas dedicadas al mismo, o por la carencia de efectividad del sistema.

Por lo general se recupera, luego de unas cortas vacaciones o de un día de descanso. Influiría de forma positiva en ello algún cambio que aporte un nuevo interés o incluso el variar la rutina laboral.

El agotamiento sicológico

Este síntoma es el más importante y serio. Puede sucederle a cualquiera, cristiano o no. Se trata del deterioro del funcionamiento a largo plazo del sistema sicológico, que incluye aspectos intelectuales, emocionales, sociales y espirituales. Hay una declinación de la felicidad, la empatía, la sensibilidad y la compasión. El agotamiento sicológico ocurre gradualmente y es más evidente ante una crisis. En esta se afectan las relaciones a nivel de todas las áreas de la vida. El esparcimiento se vuelve mecánico. La persona es reservada y distante con sus amigos. Mantiene sus emociones en su interior y es insensible hacia los miembros de la familia.

A este desgaste le toma tiempo, tanto desarrollarse como retrotraerse. No es suficiente tomarse días libres, vacaciones o un seminario breve acerca del estrés y el agotamiento. Se necesita *tiempo* y una reorientación de la vida. Una renovación espiritual a través de la Palabra, oraciones y amistades íntimas cristianas, serán también parte de la cura. Es importante además, analizar el entorno laboral para ver si ha contribuido al deterioro.

No obstante, el problema real no radica en las circunstancias como tales, sino en nuestra *respuesta* a las mismas. La Palabra de Dios nos dice claramente que no estaremos libres de problemas sólo porque en nuestras circunstancias reine la calma. La experiencia de paz es una respuesta aprendida de la aplicación de la Palabra de Dios en medio de las dificultades.

Agotamiento versus estrés

Consideremos ahora las diferencias explícitas entre el agotamiento y el estrés. El Dr. Archibald Hart ha indicado las siguientes:

142

- El agotamiento es una defensa caracterizada por evadir compromisos.
- El estrés se caracteriza por comprometerse excesivamente.
- En el agotamiento, las emociones se entorpecen.
- En el estrés, las emociones se activan drásticamente.
- En el agotamiento, el daño emocional es el principal.
- En el estrés, el daño físico es el principal.
- La fatiga del agotamiento afecta sus motivaciones e iniciativas.
- La fatiga del estrés afecta la energía física.
- El agotamiento desmoraliza.
- El estrés desintegra.
- El agotamiento puede ser comprendido mejor como una pérdida de ideales y esperanza.
- El estrés puede ser comprendido mejor como una pérdida de combustible y energía.
- La depresión del agotamiento es causada por el pesar que engendra la pérdida de los ideales y la esperanza.
- La depresión del estrés es producida por la necesidad del cuerpo de protegerse a sí mismo y conservar energías.
- El agotamiento produce una sensación de impotencia y desesperanza.

Causas del agotamiento

¿Qué causa el agotamiento? ¿Es una enfermedad cuyos gérmenes son transportados por los vientos de la vida? ¿Dónde se origina?

Existen numerosas causas, pero dos de las principales son las *expectativas* y la *distribución*. Las expectativas irreales respecto a la vida, las personas o una ocupación, pueden conducir al agotamiento. Algunos se concentran en la meta que desean alcanzar, sin importarles la lucha involucrada en el proceso de conseguirla.

Los dolores y luchas de muchas personas les impiden percatarse de las realidades de una ocupación en particular. Sus sueños de cambiar el mundo se deshacen fácilmente. Al ser conscientes de que no serán capaces de cambiar el sistema, el idealismo se transformará en cinismo.

Otra faceta de las expectativas irreales es la creencia de que "esto no me puede pasar a mí". Hay quienes sufren un colapso, pero yo no. Otros fracasan, pero yo no. Los demás se agotan pero yo no.

El segundo contribuyente más importante del agotamiento es la *entrega*. Usted se desborda en servir sin reparos, pero no experimenta una renovación que le llene constantemente. Pronto estará vacío.

Supere el agotamiento

¿Qué puede hacer usted para superar al agotamiento?

1. Evalúe sus metas: ¿Cuáles son y qué propósitos tienen?

2. Evalúe sus expectativas. Haga una lista de ellas y descubra cuáles son reales y cuáles no.

3. Identifique momentos de estrés.

4. Esté dispuesto a correr el riesgo de intimar con otros. Permita que le ayuden a cargar con la responsabilidad.

5. Aprenda al menos una técnica de relajamiento y practíquela con regularidad. Esto contribuirá al descanso de los componentes críticos del sistema de emergencia de su cuerpo.

6. Equilibre su vida ejercitándose con regularidad. Una buena condición física fortalece el sistema de inmunidad del cuerpo y aumenta las endorfinas, las cuales son tranquilizantes naturales del cerebro.

7. Descanse lo necesario. Permítase un tiempo adecuado para dormir. Contrario a lo que nos ha enseñado la

generación anterior, la mayoría de nosotros necesitamos más descanso del que recibimos. La excitación adrenal reduce momentáneamente nuestra necesidad de descanso, pero es una trampa, ya que a fin de cuentas, pagaremos las consecuencias negativas.

8. Aprenda a ser flexible. Solo el evangelio es inmutable. Sus ideas y prioridades pueden necesitar un cambio. La flexibilidad reduce la posibilidad de una frustración.

9. Cálmese. Recuerde, Dios nunca está apurado. El apuro es una característica humana causada por una planificación inadecuada y una mala administración del tiempo. La prisa acelera, el desgaste de nuestros cuerpos y mentes e incrementa la producción de adrenalina destructiva.

TIEMPO

Derroché una hora una mañana, al lado de un torrente
    montañés;
Tomé una nube del cielo y un sueño me forjé.
En el silencio del crepúsculo naciente, lejos de las
    persecuciones del hombre,
derroché una tarde de verano y otro sueño me forjé.
Derrochar: Quizás. La gente eso dice cuando con Dios
    nunca caminó,
Cuando los senderos son púrpura con lilas o amarillo con
    varas de oro.
Pero yo encontré fortaleza para mis labores, en esa corta
    hora crepuscular.
Encontré gozo y satisfacción; encontré paz y poder.
Mis sueños me dejaron un tesoro, una esperanza fuerte
    y real:
por las horas derrochadas he edificado mi vida,
    y reencontré mi fe.

Autor desconocido

10. Aprenda vías constructivas de lidiar con su enojo. Nuestro evangelio se caracteriza por el perdón; ofrézcalo con libertad a quienes le han lastimado. Recuerde que la ira es una señal advirtiéndole que algo anda mal con su entorno o es una evidencia que usted está en una situación de "lucha o huye". Identifique la fuente de su ira y enfréntela enérgicamente.

11. Preste atención a las "pequeñas disputas", pues ellas tienen más posibilidad de matarle que las de gran envergadura. La pequeña irritación diaria es la mortal. Manténgala en un nivel mínimo.

12. Desarrolle su capacidad de enfatizar su cuidado de otros, y mantenga su simpatía bajo control.

13. Concentre su trabajo y el uso de su tiempo en lo indispensable. Reduzca las redundancias, elimine actividades innecesarias, evite las exigencias que lo consuman, y aprenda a decir que no de forma amable, sin ofender ni sentirse culpable.

14. Manténgase en contacto con la realidad. No permita que sus ambiciones sobrepasen los límites de su capacidad. Busque una respuesta honesta de amigos confiables acerca de sus talentos, luego ore por sabiduría y fije sus enfoques de acuerdo a eso. Aspirar a objetivos irreales demasiado altos para satisfacer una ambición insatisfecha, lo conducirá solamente al agotamiento.

15. Evite estados de impotencia tomando el control e implementando una estrategia de sobrellevar la situación, no importa cuán menor sea. La impotencia es frecuentemente la creencia errónea de que usted está atrapado y no hay soluciones posibles. Ejercite la fe, crea que existe una salida exitosa, y podrá quebrar el círculo de la impotencia.

16. Si no puede resolver un área de conflictos importante de su vida, déjelo. Prosiga, si es necesario. La idea de ser un superhombre nos mantiene con frecuencia en situaciones de severo conflicto. Creemos que deberíamos ser capaces de dominar cualquier circunstancia y esto nos puede conducir a una persistencia que puede ser destructiva. Hasta Jesús fue impedido de hacer lo que podía haber hecho (Mateo 13:58) y tuvo que irse. ¿Por qué no usted?

Finalmente, no tema buscar ayuda profesional si la necesita.[51]

Ansiedad

Ira

Depresión

Preocupación

Estrés

Paz

Satisfacción

Autocontrol

Paciencia

Gozo

La respuesta a la depresión

12

La depresión, compañera indeseable

Trato de hacer lo necesario, pero estoy inmovilizado. Los días son tenebrosos, no importa su brillo. Las noches parecen interminables. La apatía me cubre como una mortaja. Como porque debo, pero no tengo apetito ni gusto. Siento como si tuviese un enorme peso sobre mis espaldas y la fatiga es mi constante compañera. Oro, dejo de hacerlo, e imploro que se levante lo tenebroso, pero se mantiene. Me aparté de todos, familia, amigos y hasta de Dios. ¿Quién quisiera estar a mi alrededor? Sé que yo, no quisiera".

Este es el grito doloroso de una persona en la agonía de una depresión dominante. Para algunos, es un fuerte ataque, mientras que para otros es una depresión de bajo nivel que parece ser su constante compañía. El mensaje de la depresión es: "Estás vencido; nada puedes hacer. No hay salida. Ninguna esperanza."

A *qué se parece la depresión*

Es probable que usted sepa cómo es, estar deprimido.

Es un sentimiento tenebroso, de desesperanza, desesperación, tristeza, apatía. Moverse hacia la depresión es hacerlo hacia la inercia, y la falta de esperanza es el sentimiento que prevalece. Pero esta no es la tristeza que alberga una "leve" sensación de decepción o pérdida. En un corto rato, este último sentimiento desaparece, y aun llegando a ser su compañero, usted seguiría funcionando bien. La depresión es diferente: Tiene mayor duración y es más intensa. Puede persistir e incluso con una intensidad devastadora, causando que pierda la perspectiva e impidiéndole su desenvolvimiento diario. La depresión cierra de golpe la ventana de la esperanza, y a veces baja una persiana oscura.

Si piensa en el significado literal de la palabra "depresión", significa mover algo desde una posición más alta a un nivel más bajo. Con frecuencia, cuando se le pregunta a una persona deprimida cómo se siente, ella le dirá: "decaído".

La pérdida de la perspectiva que acompaña a la depresión, afecta la forma en que usted percibe su vida, tareas, y su familia. Alguien dijo:

Existe una verdadera diferencia entre estar infeliz y deprimido. Cuando mi esposa y yo tenemos una disputa ocasional, me siento infeliz al respecto. No me gusta, pero es parte de la vida. En un tiempo bastante breve arreglamos el asunto. Me preocupo por ello, pero puedo dormir bien y sigo sintiéndome con buen estado de ánimo. Pero cuando estoy deprimido, es diferente. Duele por todas partes, es casi algo físico. No puedo dormir de noche. Aun en momentos en los que disfruto de muy buen ánimo, ese malestar se me viene encima. Afecta mi percepción de la vida. Si mi mujer y yo tenemos una riña, mi matrimonio me parece sin esperanzas. Si tengo un problema de trabajo, de esos que resuelvo por lo general rápida y apropiadamente, me siento como un mal maestro. Batallo con cuestiones de autoconfianza en vez de hacerlo con aquellas que están frente a mí.

Cuando usted está deprimido, experimenta cambios en actividades físicas tales como comer, dormir, relaciones sexuales, etc. Si se presenta una disminución de su interés sexual, la depresión puede ser su causa. Algunas personas pierden el interés en la comida aunque otros experimentan lo contrario. Unos duermen constantemente, mientras que otros padecen insomnio. Cualquiera que sean sus efectos particulares, la depresión interfiere con su capacidad funcional. Y si solo funciona 70% de su capacidad, ¿qué implica eso? Esto crea más depresión.

Su autoimagen tiende a caer vertiginosamente. Siente cada vez menos confianza en sí mismo y se cuestiona como persona. Se aleja de los demás por temor de ser rechazado.

Lamentablemente, cuando está deprimido, su comportamiento provoca un cierto rechazo de los demás. Cancela sus actividades favoritas, no devuelve las llamadas telefónicas y trata de evitar hablar o ver a otros. No solamente desea evitar personas, sino también escaparse de sus problemas y hasta de la vida misma. Piensa en irse de su casa o salir corriendo, le asaltan ideas y deseos de suicidarse, todo esto por sentir que la vida no tiene esperanza y no vale nada. Usted medita acerca de su pasado (Salmo 42:4), se torna excesivamente introspectivo y está preocupado por ideas negativas que se repiten. Su mente proyecta las mismas imágenes una y otra vez. Se obsesiona con los errores cometidos.

Cuando está deprimido, es extremadamente sensible a lo que otros dicen y hacen. Puede ser que mal interprete en forma negativa actos y comentarios. Estas perspicacias erróneas pueden irritarlo y hacer que llore con facilidad. Usted exagera su propia condición. El profeta Jeremías dijo: "Mi herida es incurable. Mas yo me dije: De cierto esta es una enfermedad, y debo soportarla" (Jeremías 10:19).

Tiene dificultades en manejar la mayoría de sus sentimientos, en especial la ira. Con frecuencia, esta es dirigida hacia afuera, contra otros. Pero también puede volcarse en usted mismo: Se siente inútil y no sabe qué hacer con la situación.

Por lo general la culpa se hace presente en momentos de depresión. La base para ello puede ser real o imaginaria. Con frecuencia, los sentimientos de culpa surgen porque usted asume que está equivocado o que su depresión es responsable de la desdicha ajena.

Con frecuencia, la depresión conduce a un estado de dependencia respecto a otras personas. Esto refuerza sus sentimientos de impotencia; luego podría experimentar ira como resultado de este sentir.

La realidad distorsionada

La depresión distorsiona nuestras perspectivas de la vida. Cada uno de nosotros la percibe desde su experiencia acumulada. Nuestros recuerdos siempre nos acompañan, e influyen en esta forma de percepción, creándonos un sentimiento de expectativa. Nuestras percepciones suceden automáticamente, y creemos que lo percibido, es el mundo real.

El terapeuta Richard F. Berg describe nuestra capacidad de percibir como una cámara fotográfica. Los fotógrafos pueden alterar la imagen de la realidad mediante el uso de distintos lentes o filtros. De esta forma una cámara puede no suministrar una visión exacta del mundo. Un lente telescópico posee una visión más angosta y selectiva de la vida; puede enfocar una hermosa flor, pero al hacerlo corta la visión del resto del jardín. Las personas felices y sonrientes, vistas a través de un ojo de pescado, aparecen distorsionadas e irreales. Los filtros pueden empañar la realidad, quebrar las imágenes en partículas, traer oscuridad a una escena iluminada o hasta crear niebla.

Igual que los lentes y filtros fotográficos, la depresión distorsiona nuestra impresión del mundo. Esta es como un juego de estos filtros, que enfocan las partes oscuras de la vida y quitan el calor, la acción y el gozo de una escena. Un fotógrafo es consciente de la distorsión creada por el cambio de lentes. Al sentir depresión, estamos parcialmente ciegos sin saberlo. Y cuanto más grande es esta, mayor la distorsión.[52]

¿Qué distorsionamos? La vida misma. Esta pierde su excitación y propósito. Creamos una imagen distorsionada de Dios. Lo vemos a Él como distante e indiferente, separado de nosotros por un tremendo abismo o muro. Y también distorsionamos la visión de nosotros mismos. Nuestro valor y capacidades se han desvanecido.

Hasta aquí hemos descrito algunos de los sentimientos y efectos de la depresión. ¿Pero qué es esta exactamente? ¿Qué hemos aprendido a través de los años que pueda ayudarnos a definirla mejor y comprender sus causas?

Las causas de la depresión

En términos simples, es meramente una emoción negativa debido a sensaciones y evaluaciones contraproducentes. No obstante, puede ser también signo de una seria y hasta maligna enfermedad. La depresión es un término que puede describir tanto las trivialidades como tristezas, desórdenes neuróticos o sicóticos. Puede ser suave, moderada o severa. Puede ser inofensiva o de peligro para la vida.

La depresión puede ser una inspiración para algunas personas creativas, pero terminar en suicidio, para otras. Puede ser un desorden o meramente un síntoma de este. Por ejemplo, cualquiera de los síntomas de estrés puede ser un indicador de depresión y cualquiera de los síntomas de depresión puede ser un indicador de estrés o alguna otra dolencia específica.

La depresión puede encontrarse en bebés de menos de un año y en personas de más de cien. En algunos, puede ser observada por cualquier persona instruida; en otros, está tan enmascarada que solamente expertos pueden descubrirla.

La depresión se origina por problemas físicos, mentales, emocionales, espirituales, o una combinación de todos ellos. Puede ser causada por nuestra manera contraproducente de pensar o por nuestra separación de Dios. Pero también ser el resultado de carencia o mal funcionamiento de neurotransmisores esenciales en el cerebro.

Las causas comunes de la depresión incluyen fatiga, alimentación inadecuada, insuficiente descanso, reacción a medicamentos, desbalance glandular, menopausia, hipoglicemia, alergias a ciertos alimentos, baja autoestima, patrón de pensamientos negativos, comportamiento que contradice sus valores, y temas de post parto.

La depresión puede resultar por variaciones importantes de la presión atmosférica, o quizás una falta de luz solar durante el otoño e invierno. Una mujer de treinta y un años escribió: "Yo temía al otoño. Cuando caían las hojas, mi ánimo hacía lo mismo. Ver las primeras hojas en el suelo, me producía pánico... no podía trabajar. No quería despertarme y volver a encadenarme a mi pesada carga. No podía hacer nada al respecto. Cada otoño comenzaba ese ciclo que duraba todo el invierno. En cuanto se alargaban los días y las verdes hojas comenzaban a verse en los árboles, yo volvía a emerger...Con frecuencia deseaba ser un oso, para así simplemente invernar hasta la primavera. Me parecería muy adecuado para mí y mucho menos estresante que tratar de mantener una vida regular."[53]

Algunos hacen chistes acerca del tiempo atmosférico, que afectan nuestro humor. Bueno, para algunas personas esto no es un chiste. Las palabras que acaba de leer describen una forma de depresión clínica conocida como *desorden afectivo estacional* (DAE). Este desorden está reflejado en oscilaciones severas del humor. Estos ocurren generalmente cuando termina el otoño y a comienzos del invierno perdurando hasta la primavera, cuando la depresión se aleja. Parece que afecta cuatro veces más a los hombres que a las mujeres, especialmente a aquellos en los veinte o treinta años. Quienes son afectados se vuelven apáticos y fatigados, duermen más, se ocultan socialmente, se sienten ansiosos e irritables, y tienden a aumentar de peso. Si estos síntomas ocurren por lo menos en tres diferentes oportunidades y dos veces en años consecutivos, entonces el DAE está presente.

La causa puede ser debida a una baja producción de una hormona, la melatonina. Algunos investigadores creen que la reducida luz del sol en invierno afecta la química del cerebro, dado que la exposición a la luz quita la depresión. Aquellos con DAE encuentran alivio pasando en cualquier parte, de treinta minutos a cinco horas por día en frente de una caja de luz especial. No es una cama solar o simplemente más luz. Es una caja especial conteniendo varios tubos de luz fluorescente, que entregan la cantidad total de luz natural en diez a veinte veces, la intensidad de la luz interior.[54] Para información adicional acerca de DAE vea *Winter Blues*, por el Dr. Norman E. Rosenthal.

Una de las expresiones de depresión que cada vez se encuentra más bajo la luz de los reflectores, es la denominada "Enfermedad de la Montaña Rusa". Un desorden bipolar o maníaco-depresivo que involucra amplios círculos de humor. El decaimiento de una persona puede llegar al extremo, y sus «altas», convertirse en manía, haciéndole sentir que puede lograrlo todo. Esta posee una sensación de euforia, se vuelve muy activa y necesita poco sueño; sus ideas corren tanto como se desconecta, y siente la necesidad de hablar continuamente. Cosas o sucesos sin importancia la distraen y posee ideas exageradas acerca de sus propias capacidades. Su comportamiento es impulsivo y su juicio es pobre. Puede tener problemas tales como gastar demasiado, expresarse activamente mediante las relaciones sexuales y demás.

Esta persona puede estar por días o semanas en ese patrón maniático, pero todo se para de golpe cuando alcanza el otro lado de su impulso de humor. Esta es por lo general una enfermedad hereditaria y se presenta continuamente en la vida de esta persona. No respeta los géneros, dado que aflige tanto a hombres como a mujeres en la misma proporción. Hay varios medicamentos para tratar esta dolencia, y el litio es el que más prescriben los médicos. Deben coincidir un "exagerado" sentimiento o euforia y tres o cuatro de los síntomas detallados, para que utilizar la clasificación de depresión bipolar.

¿Es la depresión, un pecado?

Una de las preguntas más comunes entre los cristianos establece una relación entre la depresión y el pecado. "¿Es la depresión un pecado? ¿Es pecado para un cristiano estar deprimido?" En sí y por sí misma, no lo es. La depresión es a veces una *consecuencia* del pecado, pero no siempre. Puede ser un síntoma de este y así servirnos de advertencia. Un marido que golpea a su mujer o le es infiel puede sentir, culpa o depresión como resultado de su comportamiento. Ha sido advertido y su depresión es la consecuencia de su proceder.

Esta siempre ha existido. Usted no está solo en eso. En realidad, está en buena compañía. Muchas de las personas que Dios usó poderosamente en el Antiguo Testamento estaban tan deprimidas que querían morir, por ejemplo: Moisés, Job, Elías, Jonás y ciertos autores de los salmos (especialmente el 42 y 43). Grandes hombres y mujeres a través de la historia han luchado contra la depresión. Por lo tanto no permita que nadie le diga que esto es algo anormal, que es pecado estar deprimido, o que los cristianos no experimentan depresión. ¡Sencillamente no es cierto! Es una respuesta normal a lo que ocurre en la vida.

Muchos se sorprenden al leer el relato de la depresión de Jesús en el Jardín de Getsemaní. Él era un hombre perfecto y libre de todo pecado, aún completo en Su estructura humana y tentado igual que nosotros. Observe el relato en Mateo 26:36-38:

Entonces Jesús llegó con ellos a un lugar que se llama Getsemaní, y dijo a sus discípulos: Sentaos aquí mientras yo voy allá y oro. Y tomando consigo a Pedro y a los dos hijos de Zebedeo, comenzó a entristecerse y a angustiarse. Entonces les dijo: Mi alma está muy afligida, hasta el punto de la muerte; quedaos aquí y velad conmigo.

Jesús sabía lo que le iba a suceder y eso le causaba depresión. No se sentía culpable por estar deprimido y tampoco nosotros debemos estarlo. Esto a veces es difícil debido a que nuestra depresión crea una distorsión de la vida. También intensifica cualquier sentimiento de culpa que tengamos. Así la culpa por la depresión conduce a mayor depresión.

Lamentablemente, muchos de nosotros hemos escuchado predicar a pastores que el estar deprimidos es un pecado en sí y por sí mismo. Cada vez que escucho esto, me estremezco. Me siento dolido por las personas de la congregación que puedan estar deprimidas. Me pregunto qué efecto tiene este mensaje sobre ellas.

Con frecuencia, cuando estoy dando terapia a una persona que experimenta depresión, le pregunto: "¿Existe alguna forma en que pueda agradecer a Dios por estar deprimido?" La respuesta generalmente es una mirada sorprendida. La depresión lastima. ¿Qué puedo estar queriendo decir con agradecer a Dios? Podría decir: "Quizás es señal de que otras áreas de su vida están clamando por ayuda. Si no se encontrara deprimida, podría encontrarse en una condición aún peor".

Necesitamos ver la depresión como un mensaje al cual necesitamos responder lo antes posible. Cuando examinemos las numerosas causas de la depresión, veremos por qué es esto cierto. También veremos a varios personajes de las Escrituras que experimentaron depresión, y lo que significó en sus vidas.

¿Qué nos ocurre espiritualmente cuando aparece la depresión? ¿Hay algunos síntomas o tendencias previsibles? Ocurren dos extremos. El más común es alejarse de Dios.

Tendemos a no orar o leer las Escrituras como antes. ¿Por qué? Posiblemente porque sentimos que Dios nos ha rechazado o abandonado. Debido a que la culpa es parte de la depresión, tendemos a sentir que Dios nos está castigando al rechazarnos, y esto crea nuestro retiro espiritual. Pero Dios *comprende* por lo que estamos pasando. No está ni rechazando ni castigándonos. Apartarnos de Dios solamente servirá para aumentar nuestra depresión.

Puede ocurrir justamente lo contrario: Una persona puede estar demasiado envuelta en cosas espirituales. Esto podría ser como una compensación por la culpa que ella siente. Horas son dedicadas todos los días en oración y lectura de las Escrituras, pero no pareciera eliminarse la depresión. En realidad, esta intensa actividad puede limitar que la depresión desaparezca, ya que estamos descuidando otras áreas de nuestras vidas que necesitan igual atención.

Las tres etapas de la depresión

Quizás recuerde el cuento del sapo y el agua hirviendo. Si usted sumerge un sapo en una cacerola con agua fría sobre la cocina, comenzará a nadar dentro de ella. Lo está disfrutando. Pero si enciende la llama debajo de la cacerola y gradualmente calienta el agua, el sapo no se da cuenta del cambio de temperatura. Él se adapta al agua a medida que la temperatura cambia. Con el tiempo el agua se calentará mucho, luego hervirá y finalmente el sapo se cocinará. Pero el calor vino tan gradual y sutilmente que el sapo no se dio cuenta de lo que estaba sucediendo, hasta que fue demasiado tarde.

La depresión es igual: Con frecuencia es difícil detectarla en sus primeras etapas. Podremos sentir algunos de los síntomas pero no comprender lo que ocurre, hasta que se intensifican. Y cuando nos hemos metido más profundamente en la depresión, es mucho más difícil quebrar su garra. Tome nota de las tres etapas de la depresión descritas a continuación.

TRES INTENSIDADES
DE DEPRESIÓN

Ligera	Mediana	Fuerte
Estado de ánimo decaído	Se intensifican estos síntomas	Muy intensificado
Leve pérdida del interés	Sentimientos de desesperanza	Alejamiento espiritual o una preocupación obsesiva
Correcta forma de pensar	Forma de pensar lenta y dolorosa.	
Un nudo en el estómago	Más preocupado consigo mismo	
Adecuada alimentación y descanso	Se culpa a sí mismo	
Ligero alejamiento espiritual	La alimentación y el descanso están un poco perturbados	*Todos estos síntomas podrían ir en aumento*

Depresión ligera. Su estado de ánimo decae. Existe una pequeña pérdida de interés en lo que normalmente disfruta. Pueden también presentarse sentimientos de frustración, pero su forma de pensar sigue normal. Aparecen unos pocos síntomas físicos, pero sus hábitos de descanso y alimentación permanecen normales. Por momentos se produce un ligero alejamiento espiritual.

Si puede reconocer estos síntomas como indicadores de depresión (y si es una depresión reaccionaria), usted aún está en posición de revertir la misma. Hágase estas preguntas: "¿Qué intenta decirme esta depresión? ¿Qué puede estarla causando? ¿Cuál podría ser la mejor forma de estabilizarme en este momento? ¿Me ayudaría el compartir esto con otra persona, y si así fuese, con quién? ¿Qué Escrituras serían útiles en este período, o cuál otra fuente podría ayudar?" (Tener en mente un programa de lectura de antemano, será beneficioso. Esto puede incluir un libro devocional y pasajes específicos de las Escrituras. Vea los sugeridos al final de este libro.) "¿Qué tipo de conductas o actividades me ayudaría en este momento?"

Depresión mediana. Todos los síntomas previos se intensificarán, pero ahora surgirá un sentimiento prevaleciente de desesperanza. La forma de pensar es algo lenta al aumentar las ideas de usted mismo. Pueden surgir lágrimas sin un motivo aparente, problemas de descanso y alimentación, ya sea por defecto o por exceso. Al acentuarse la tendencia a alejarse de Dios, existe una mayor lucha espiritual. Durante este tipo de depresiones posible que necesitará la ayuda de alguien más. Si su tendencia fuera, no compartir sus problemas, esto solo intensificará el dilema.

Depresión severa. Todos los síntomas previos se repiten acentuándose. Es obvio el descuido personal y la limpieza, el afeitarse o ponerse maquillaje. Es toda una faena el completar las tareas diarias. Los síntomas espirituales son evidentes, ya sea el alejamiento o la preocupación. Es frecuente el llanto, con intensos sentimientos de abatimiento, rechazo, desánimo, culpa, autocompasión. Se interrumpen los patrones de comida y descanso.

La persona que reconoce su depresión ligera, no desea tenerla, pero ignora cómo manejarla. Para mantenerse lejos de la mediana o severa depresión, es vital que "la dejemos ir", antes que nos sumerja en las profundidades. Para ilustrar este punto, imagine que está en una profunda piscina, sosteniendo una pesada roca. El peso de la misma comienza a derribarlo. "Me estoy hundiendo", se dice a sí mismo. ¿A qué conduce esta idea? Le hace sentir peor. Todo lo que ahora siente es que se hunde. Con el tiempo el agua estará por encima de su cabeza. Continúa hundiéndose lentamente y piensa: "Voy hacia abajo cada vez más". Esto le causa desesperación, y hace que se aferre a la roca y se hunda más. El círculo vicioso se repite de nuevo.

¿El problema es que se está hundiendo? ¡No! ¡Es la roca! Deje que esta se vaya y tendrá la oportunidad de comenzar su jornada hacia la superficie.

O quizás está nadando y descubre que está un poco más cansado de lo que pensaba, o que se encuentra a mayor profundidad, y la corriente es más rápida de lo que esperaba. Al entrar en acción inmediatamente puede con más rapidez, volver a la orilla, e impedir un posible desastre. Con optimismo aprenderá algo de esta experiencia. Puede adoptar una acción similar al encontrarse en la etapa ligera de una depresión.

Pero si la corriente es demasiado fuerte o si se encuentra exhausto y al borde de hundirse, necesitará la ayuda de un salvavidas. Si ya se adentra en la etapa mediana o severa de una depresión, o si esta lo ha inmovilizado y se siente impotente, necesita la ayuda de alguien cariñoso, firme, y un buen oyente para ayudarle a exteriorizar sus emociones.

La depresión saludable y la perjudicial

Se distingue con mayor facilidad la depresión cuando usted puede hacer diferencia entre la saludable y la perjudicial. Una depresión es saludable cuando posee *verdaderos* sentimientos de dolor, tristeza y decepción (lo cual también puede incluir culpa, ira, y ansiedad) en relación con sus experiencias negativas de la vida. Esto puede incluir traumas, pérdidas, discriminación, tratamiento injusto, y dolor o daños indeterminados. Estando deprimido de esta forma, usted aún puede seguir funcionando, aunque no tan bien, como lo haría normalmente.

Por otro lado, la depresión perjudicial es la *incapacidad de funcionar* en cualquiera de las áreas básicas de la vida, es decir, trabajo, relaciones, funciones corporales y demás, debido a la profundidad de sus malos sentimientos. Puede surgir de una multitud de factores, incluyendo demasiadas experiencias dolorosas indeterminadas, vulnerabilidad genética y cambios en la química corporal.

Una de las diferencias principales entre ambas depresiones, es que las saludables, no son generalmente de naturaleza biológica. Otra, es el grado en el cual puede funcionar una persona deprimida. Las depresiones saludables son menos severas y pueden resolverse sin ayuda profesional. Su reconocimiento y acción son los ingredientes clave. Usted *puede* enfrentar el mundo. Pero cuando experimenta una depresión perjudicial, por lo general se encierra y excluye al mundo.

13

La depresión en mujeres y hombres

¿Qué sabemos acerca de esto? ¿Son las mujeres más propensas a la depresión que los hombres? Pareciera que sí. Por lo menos, dos terceras partes de las personas que están deprimidas son mujeres, y algunos estudios realizados indican que la relación es de seis a uno. En 1990, la *American Psychological Association* (Asociación Psicológica Norteamericana) convocó nacionalmente a una Task Force on Women and Depression (Tarea de Fuerza Especial para Mujeres y la Depresión). Sus resultados mostraron que las mujeres son más depresivas que los hombres básicamente, debido a los desafíos que implica ser mujer en nuestra cultura contemporánea.[57]

Algunos de los más recientes descubrimientos acerca de la depresión femenina provienen de estos estudios y del trabajo de la Doctora Ellen McGraw, sicóloga clínica y especialista en mujeres y depresión.

¿Qué provoca que las mujeres sean más propensas a la depresión que los hombres? Usted se sorprendería no solo por la multitud de razones sino también por su gran variedad. Y algunas de las causas están más singularmente relacionadas con las primeras que con las últimas.

Las pérdidas como una fuente

Las pérdidas son con frecuencia el núcleo de las depresiones de la vida, ya sea en hombres como en mujeres. Cualquier pérdida pudiera provocar una depresión reactiva. Puede ser una pérdida real y concreta, involucrando algo tangible: una persona, un trabajo, un hogar, un automóvil, una fotografía muy apreciada, un animal doméstico. Cuanto más fuerte la unión, más intensos los sentimientos de pérdida. El desvanecimiento de una relación amorosa, es especialmente devastador para las mujeres, ya que entregan mucho de sí mismas y forjan lazos muy fuertes. Vemos a continuación cómo Maggie Scarf describe su dilema, en su clásico libro *Unfinished Business*:

Es alrededor de las *pérdidas del amor,* donde tienden a converger, flotar y oscurecer las nubes de la de-sesperación. Personas importantes alejándose o muriendo: la incapacidad de establecer otro vínculo serio con un compañero o pareja; ser forzado, por una transición natural de la vida a renunciar a un importante lazo de amor; un matrimonio en proble-mas, amenaza con romperse, o simplemente incre-menta su distanciamiento; una aventura amorosa que termina o el reconocer que la amargura echa raíces y no va a llegar a nada...[58]

También son potencialmente devastadoras aquellas pérdidas que solo se forman en su mente, la de un amor, una esperanza, una ambición, el respeto de sí mismo, u otros elementos intangibles de la vida. Podría ser también un sueño que desaparece.

El tipo de pérdida más difícil de manejar es, no obstante, la pérdida temida. Esta aún no ha ocurrido, pero existe una posibilidad real de que suceda. Esperar el resultado de una biopsia o de un examen estatal de abogacía, la decisión de la oficina de admisión de una universidad donde aspira ingresar, lleva siempre implícita la posibilidad de una pérdida. Puede surgir la depresión por la impotencia de hacer algo en relación con la situación que enfrentamos. En un sentido estamos inmovilizados por pérdidas amenazantes, ensombrecidos por la depresión. Es difícil aceptar o lidiar con una pérdida que aún no ha ocurrido.

La vida está llena de amenazas. Unas cuelgan sobre nuestras cabezas constantemente y otras vienen arrasando con la fuerza de un huracán. Algunas pérdidas amenazadoras pueden ser tratadas enfrentando la amenaza y, de ser posible, convirtiéndola en una pérdida real. Con otras debemos convivir por un tiempo. Pero si tenemos que vivir con la amenaza de una pérdida, esta se hace más llevadera si compartimos nuestro dolor con otros.

Asuntos inconclusos

Algunas de las depresiones experimentadas por las mujeres provienen de los "asuntos inconclusos" que describe Maggie Scarf. Es posible que lleguemos a la edad adulta sin estar listos para serlo. Algunas mujeres tienen etapas de crecimiento inconclusas; nunca las han completado satisfactoriamente. Tal vez no hayan logrado una saludable separación de su hogar. Pueden haber dejado sin pagar una cuenta sicológica, tal como un incidente o relación de incesto. Pueden estar evitando una fuente de ira, tal como un resentimiento guardado profundamente.[59]

He hablado con muchas mujeres que sintieron depresión durante las cruciales transiciones de la vida que toman lugar durante los veinte, treinta o cuarenta años. Por ejemplo, consideremos a la mujer en los treinta años que está experimentando cambios. Durante sus veinte, hizo muchas elecciones, pero durante sus treinta se pregunta si hizo lo correcto. Quizás esté mejor expresado de esta forma:

El tema subyacente de los cambios de una mujer en sus treinta es el desmoronamiento de las presunciones sobre las cuales vivió. Presumió que había hecho las elecciones acertadas. Siempre pensó que iba a tener hijos, que se mantendría joven. A los *treinta* se tiene conciencia de que esas son falsas presunciones.

La mujer que eligió quedarse en casa, que se vio a sí misma como una madre amante y que criaba a sus hijos, ahora se pregunta qué puede haber perdido al no trabajar. Al comenzar sus hijos la universidad, siente que ya no tiene tanta utilidad. Ella contempla ahora el mundo laboral, como un lugar de satisfacciones. Si había abandonado sus metas para estar en casa, estas aflorarán de nuevo, haciéndole señas para que haga un cambio.

La mujer que eligió ir por un sendero no tradicional está experimentando una lucha similar. Ella mira al ama de casa y se pregunta si no está perdiendo algo. Quizás el encanto de viajar a la oficina todos los días se ha desgastado. Tal vez esté cansada de la lucha diaria para ganarse el pan y de ser responsable de su parte en el pago de las facturas. La libertad económica que tanto anheló, ahora se convierte en un encierro.

Puede haber descuidado la elección de tener hijos. A los treinta años, siente que ya es tiempo de tener una familia. Después de los treinta, una mujer sabe que ya pasó su mejor etapa física para la reproducción.[60]

En la edad madura hay también otras pérdidas. En esta etapa una mujer puede perder su papel de madre, identidad, y atractivo físico. Podría afligirse por no convertirse en la persona que debía haber sido.[61]

Ira y culpa

Ambas, mencionadas antes como compañeras de la depresión, pueden ser causa de la misma. La ira sin reconocer o expresarse vuelve su furia hacia adentro buscando algo que castigar, en este caso a uno mismo. Los hombres tienden a ser más agresivos con sus sentimientos, pero si la declaración es difícil para usted, entonces se inclinará a retirarse, sentirse impotente, hirviendo internamente y volviéndose depresivo.

La culpa, también, es una de las causas normales de la depresión. Ya sea saludable o perjudicial, la que queda sin aclarar se tiene que transformar en algo que generalmente, es la depresión. Y si esta alarga su duración, gana ventaja en su vida.

La expectativas irreales también nos pueden hacer propensos a la depresión; cuanto más alto sea nuestro ideal respecto a la realidad, más grande será nuestra frustración. Lo irreal puede llegar a ser una cuestión respecto a lo que creemos de nosotros mismos, de los demás e incluso acerca de nuestra fe. Con frecuencia es un factor en las relaciones con los hombres. Y las expectativas insatisfechas pueden conducir a la ira, la cual, si no es tratada, conduce a...¡la depresión!

La depresión heredada

Se están conduciendo más y más investigaciones respecto a la cuestión de si la depresión o la predisposición a la misma pueden heredarse.

Hay un punto en el cual cualquier persona puede ser abrumada por un desastre. Todos tenemos nuestros límites de carga. En la vida de cada uno aparecen dolorosas experiencias y dilemas emocionales, pero algunas personas parecen doblegarse más fácilmente que otras. Ellas parece que son más propensas a la depresión.[62]

La depresión heredada ha sido definida como sentimientos tristes o dañinos que se presentan cuando existe en una familia depresión biológica, genética, cultural o sicológica, y es trasmitida a la próxima generación. A veces esto está tan bien disimulado que es difícil de discernir. Los factores que son más difíciles de identificar son los biológicos, genéticos, o ambos. Los síntomas pueden mostrarse como adicciones, desórdenes de alimentación, o sicosomáticos. La tendencia a la depresión también puede trasmitirse por medio del ejemplo. De los padres se pueden asimilar formas de pensar, e incluso conductas.[63]

¿Quién fue un depresivo en *su* árbol genealógico? Entre sus parientes, ¿quién se deprimía?

Puede ser muy útil pensar en ello e investigarlo. Comience por confeccionar una lista con todos los miembros de su familia; retroceda hasta sus tatarabuelos e incluya a tías y tíos. Tendrá que entrevistar a la familia, y también a los amigos íntimos de la misma, pero valdrá la pena el tiempo y esfuerzo. Clasifique lo mejor que pueda a cada uno que haya anotado, en una escala del 1 al 10 respecto a su nivel de depresión. Use el 1 como ausencia de depresión o depresión mínima, 2 a 5 para crecientes grados de depresión saludable, y 6 a 10 para depresión perjudicial.[64]

Mientras está haciéndolo, pregúntese dónde estaría *usted* en esa escala hace...cinco años...como adolescente...como niño. ¿Cuánto cambio, pérdida, estrés, frustración, decepción, dolencia física, o trauma ha experimentado en los últimos dos años? ¿En el pasado? ¿Cuál fue su respuesta ante cada situación? ¿Qué clase de apoyo recibió de otras personas? ¿Hubo algún tipo de ira relacionada con los sucesos? Si así fue, ¿qué hizo con ella? ¿Se convirtió en depresión?

¿Cuán probable es que esta tenga un impacto en su vida? Si el lector es una mujer, tiene al menos una probabilidad de uno a cuatro de experimentar depresión perjudicial importante.[65] Si sus parientes, especialmente mujeres, experimentaron una severa depresión neurótica o eran maníaco-depresivos, usted tiene una posibilidad dos a tres veces mayor que otras mujeres de experimentarla también. En este tipo de condición parece ser que uno o varios genes pudieran haberse heredado de cada padre.[66]

Si existen síntomas depresivos tales como alcoholismo o abuso de drogas entre parientes cercanos, usted tiene la posibilidad de ocho a diez veces mayor que otros a desarrollar síntomas parecidos. Si alguno de ellos comete suicidio, usted será más vulnerable a suicidarse cuando está deprimido.[67]

Lo que significa para usted

¿Qué significa todo esto? *No pase por alto su depresión.* Esté consciente de ella. Busque alternativas para la forma en que está respondiendo. Considérela como un sistema de mensaje que indica que algo anda mal. Busque la causa.

Una depresión *saludable* en las mujeres tiene con frecuencia sus raíces en la interacción con el mundo en que vive. Si hace frente a estos desafíos adoptando pasos constructivos y adecuados que involucren una acción positiva y nuevas formas de pensar, esta puede ser una experiencia de crecimiento. Si no, puede volverse perjudicial. Así como leyó y descubrió acerca de los seis tipos de una depresión saludable, reflexione cómo es su vida ahora y cómo era antes. Quizás estas causas formen parte del núcleo de lo que usted está o ha experimentado en su vida.

La depresión de la víctima

Muchas mujeres experimentan la *depresión de la víctima*. Estos son los sentimientos tristes e infelices que se desarrollan desde una impotencia real o aprendida, más una falta de aptitudes para sobrellevar lo negativo, violencia, y discriminación, que las mujeres enfrentan con frecuencia.

El sentimiento de ser amenazadas puede conducir fácilmente a la mentalidad de víctima. Hay numerosas formas en las cuales las mujeres lo experimentan. Algunas son víctimas emocionalmente al ser amenazadas con el abandono o la violencia. Esto implica, que viven en un ambiente de falta de respeto o aprecio. Esta es la forma más común de convertir a las mujeres en víctimas emocionales. Si se presenta temprano en la vida, se puede convertir en un compañero permanente. Ser víctima económicamente ocurre cuando una mujer no recibe un pago equivalente o adecuado por su trabajo. Algunas lo experimentan cuando son amenazadas económicamente si no aceptan las exigencias de sus padres.

Ser víctima en lo físico, es más que ser golpeada. Incluye también ser lastimada por el contacto sexual. Las contusiones desaparecen, pero los resultados del trauma perduran. Ser una víctima sexual es una de las peores experiencias traumáticas; implica cualquier cosa desde la violación a las llamadas telefónicas con vagas insinuaciones o amenazas.

Reflexione acerca de su propia vida: ¿Ha sido víctima de algo? El primer paso es reconocerlo. Luego observe los resultados, cómo responde a esto, y qué puede hacer diferente para quebrar los patrones y por consiguiente alejar la depresión.[68]

Depresión en las relaciones

Un segundo tipo es la *depresión en las relaciones*. También envuelve sentimientos tristes, insensatos e infelices. Pero esta es traída por la ausencia de una importante relación deseada o por la lucha, conflictos, frustraciones, dolor y desconfianza que se experimentan al mantener una relación. Esta depresión ocurre debido a una baja autoestima, y a la ausencia de aptitudes necesarias para tener una relación. La mujeres son especialmente indefensas en esta área.

¿Por qué ocurre esto? Quizás una de las causas sea que a las mujeres se les ha enseñado a temprana edad a ser más susceptibles a una depresión relacional. Generalmente asumen demasiada responsabilidad en mantener una relación; si falla, tienden a culparse a sí mismas. Los problemas en las relaciones son contemplados como fracasos personales. Otra razón para esta depresión es que demasiadas mujeres niegan el hecho de que las relaciones pueden ser muy dolorosas. Ellas sufren en silencio, sin compartir sus penas, protestas, deseos, carencias y dolores. Quizás ayudaría identificar por adelantado lo que uno busca en una relación y acercarse entonces a ella lentamente, para así poder evaluar el potencial de la otra persona.

La depresión de la vejez

Si usted aún no se identifica con el siguiente tipo de respuesta depresiva, algún día probablemente lo hará. Se llama *depresión de la vejez*. Esta es la reacción saludable a los sentimientos negativos que experimenta una mujer por estar envejeciendo en una sociedad que idolatra a la juventud y ve a las mujeres que envejecen como representantes de pérdidas irreparables. El envejecimiento, según nos han dicho, es un momento en la vida en el cual hay escasez de lo valioso; esto significa madurar menos atractivamente y con menor capacidad de funcionar físicamente en muchos aspectos. Envejecer es algo temido por las mujeres de nuestra sociedad. Los hombres con frecuencia ganan al envejecer, pero las mujeres son menospreciadas por nuestra cultura.

Tres de los contribuyentes a este problema son el sistema de cuidados de salud, la industria del cosmético y (como usted probablemente sabrá), los medios de información. Las mujeres son constantemente bombardeadas por mensajes que les dicen que deben ser jóvenes o al menos tratar de parecer y vestirse como jóvenes, y ellas responden presionándose al máximo. Cuando se les da recomendaciones para el cuidado de su salud, este consejo por lo general está basado en el conocimiento acerca de las enfermedades masculinas más que en la investigación de la salud femenina. Escuchamos mucho acerca de los hombres y los ataques al corazón, pero muy poco sabemos de esta importante causa de muerte en las mujeres.

El envejecimiento no es una condición que pueda prevenir; todos envejecemos. Pero mientras que no pueda cambiar sus pérdidas por esta causa, puede hacerlo con la forma de verlas y responder a ellas. El envejecer no debe ser visto como una pérdida de oportunidades e independencia. Pero para luchar con la depresión de la vejez, debe tener bien claro cómo se ve usted mismo. Aunque otros puedan lamentarse de su edad y disculparse por eso, usted debe aprender a reaccionar en contra de nuestra cultura. Trate de confeccionar una lista de "Ventajas de la

173

edad" e identificar lo positivo de ello. Cualquiera de estos planes de anticipación lo puede conducir de ser víctima, a una mujer llena de confianza.[69]

La depresión de la apariencia física

Una relativa fuente de depresión es cuando usted acepta el mito de la sociedad que establece su valor de acuerdo a sus apariencias. Conocida como *depresión de la apariencia física*, provoca que muchas mujeres luchen con sentimientos de vergüenza, desprecio, o frustración acerca de sus cuerpos. Esto proviene del enfrentamiento con normas culturales de belleza, perfección física y atracción sexual, que son irreales e inalcanzables.

Depresión por agotamiento

La mayoría de las mujeres que conozco, han experimentado alguna forma de *depresión por agotamiento*. Esto proviene de estar abrumadas, exhaustas, estresadas, y simplemente consumidas por las exigencias y conflictos de su rol. Intentar malabarismos con todo, puede conducir a la sensación de vacío y desesperación. Sus sentimientos son una apropiada respuesta a todas las exigencias que enfrenta, siendo su estilo de vida tradicional o no. Los sentimientos de fatiga y agotamiento eran probablemente menos extremistas en el pasado que en la actualidad, debido a las luchas económicas y emocionales comunes en las que participan las mujeres. Usted no puede hacerlo todo, a pesar de sus expectativas y las de los demás. Las madres que trabajan, solteras o no, sienten el drenaje especialmente; no existen las energías o el tiempo suficiente para todo. Así como la fatiga es una de las mayores causas de la ira, lo es para la depresión.

Algunas mujeres han descubierto lo maravilloso de confeccionar una lista general (y esto significa *todo*) de lo que ellas hacen durante el día. Estudian la lista, ¡eliminando gradualmente algunos aspectos y utilizando ese tiempo para dormir!

174

Los libros *How to Get Control of Your Time and Your Life*, por Alan Lakein, y *When I Relax I feel Guilty*, por Tim Hansel, pueden ser útiles.

La depresión mente-cuerpo

Esta depresión no es ajena a las mujeres, y existen **tres** variantes. Su cuerpo puede crearla en su mente, o **puede** ocurrir debido a problemas físicos que esta le creó a su **cuerpo**. La depresión mente-cuerpo también puede ser expresada como síntomas físicos más que emociones. La última **forma** es el resultado de cambios hormonales y bioquímicos que ocurren a las mujeres en las diferentes fases de su vida. Estas incluyen menstruación, embarazo, fluctuaciones posteriores al parto, menopausia, o cualquier surtido de desbalances bioquímicos. Las investigaciones han demostrado que en todas partes entre 20% y 80% de las mujeres experimentan alguna forma de menopausia, la cual se asocia íntimamente a la depresión. Dos de las fuentes más útiles para estos temas son *Premenstrual Syndrome*, por el Dr. Niels H Lauersen, y *Menopause and Midlife*, por el Dr. Robert G. Wells y Mary C Wells.

La depresión masculina

Los hombres también experimentan depresión, tal vez la mayoría. Muchos ocultan esta lucha al mundo que los rodea. No solo lo encubren cuidadosamente ante los demás, sino también, a menudo, ante sí mismos. Le llamamos depresión *encubierta*, en lugar de *abierta*. Esta impulsa a un hombre a insensibilizarse al dolor, puede ser evidente con una explosión de ira. Algunos tratan de ahogar su descontento en el alcohol.[71]

Cuando la depresión se encuentra enmascarada, el hombre no solamente está separado de la realidad de su condición, sino también de toda posibilidad de ser consolado por los demás. Nuestra cultura debe asumir parte de la responsabilidad, por la epidemia de depresión encubierta en nuestra sociedad. La masculinidad tradicional no solamente ve como afeminadas las fuertes expresiones de emoción, sino prohíbe también la mayoría de las expresiones de susceptibilidad. Un hombre siempre debe "ser fuerte". No hay cabida para nada más. Los hombres sienten vergüenza si revelan su vulnerabilidad, por lo tanto la depresión no se admite o se habla de ella. Un hombre deprimido encuentra que la condición en sí misma es inaceptable para su imagen masculina. Nuestra cultura actual también ayuda a perpetuar el mito de que los hombres no deben pedir ayuda sino ser autosuficientes. Por lo tanto, las heridas que fomentan la depresión no se comparten.[72]

El silencio de un hombre lo protege de admitir que tiene necesidades y depende en ocasiones, de otros. Lamentablemente, este silencio es una mentira que lo daña y debilita cada vez más.

Muchos hombres han sido heridos o traumatizados cuando eran niños, y han aprendido a congelar sus sentimientos. La depresión es un proceso de congelamiento. Cuando un hombre es capaz de permitir que su depresión encubierta se vuelva abierta, puede quizás experimentarla como un dolor, lo cual es bueno. Este es una cura para la depresión. La pérdida experimentada al estar herido necesita reconocimiento y alivio. Cuando un hombre deja de ocultar sus sentimientos, puede expresarlos. Y entonces puede descubrir que su temor de que esa expresión o ese llanto, una vez comenzados, no tendrían final, era en realidad infundada.

14

Supere la depresión

Con complejidad y confusión, así reaccionan las personas a este mal que llamamos depresión. Pero no se
olvide que tiene un propósito: alertarlo respecto a lo
que esté causando el problema, para que pueda eliminar la
causa.

El primer paso es admitir que lo que está experimentando
es depresión. Dele un nombre a eso y no ignore que está
tomando un lugar en su vida.

Es importante enfrentarse a su depresión y trabajar en ella,
para lo cual existen cuatro buenas razones.

1. *Lamentaciones posteriores.* Si usted fracasa en alejar la
   depresión, tendrá la posibilidad de hacer algo que lamen-
   tará luego, cuando esta se haya ido. Las personas deprimidas cometen a veces errores desastrosos. Han ido tan
   lejos como para dejar sus trabajos o romper sus matrimonios. Cuando la depresión se alejó, miraron hacia atrás
   y se preguntaron: "¿Cómo pude haber hecho esto?"

2. *Problemas combinados.* Si fracasa en alejar la depresión, se
   expone a un dolor mayor. Este es el llamado "teorema

depresivo". Sentirse mal parece atraer situaciones de angustia, lo que profundiza nuestra depresión, confirmando el mal esperado. Estos problemas combinados pueden derivar y debilitar la capacidad de una persona de sobrellevar las cosas y ser flexible.

3. *Depresión crónica.* Si fracasa en alejar la depresión, se expone a padecer una crónica o habitual. La depresión se convierte en su forma normal de responder a las frustraciones de la vida.

4. Posible autodestrucción. Si fracasa en alejar la depresión, se expone a tendencias suicidas. Si la depresión sigue sin controlar, puede conducir a la desesperanza, haciendo de la vida una horrible pesadilla. Todo lo que la persona deprimida puede recordar son sus momentos de sufrimiento; los buenos fueron borrados.[73]

Si ve que está comenzando a deprimirse, ¿qué puede hacer al respecto? En primer lugar, sométase a un chequeo médico, ya que su mal pudiera tener un origen físico. Si no es así, el siguiente paso será formularse dos preguntas clave. Puede solicitar ayuda a su pareja o a un buen amigo.

1. ¿Qué relación tiene esta depresión con alguna de las seis vistas con anterioridad? Si es así, ¿qué es lo que me está indicando, a esta altura de mi vida?

2. ¿Estoy haciendo algo que pueda contribuir a mi depresión? Controle su comportamiento para determinar si está de acuerdo con las Escrituras y sus valores.

Qué hay que hacer respecto a la depresión

Busque el factor que activa su depresión. Algunos son obvios. Otros pueden ser más difíciles de descubrir. Para ayudarle a localizarlos, usted deberá escribir las siguientes preguntas en una tarjeta: ¿Qué he hecho? ¿A dónde fui? ¿Con quién hablé? ¿Qué vi? ¿Qué leí? ¿Qué estaba pensando? Use esta tarjeta cuando esté deprimido; puede ser útil si recuerda el pensamiento o suceso que activó su depresión.

Por favor no enfrente solo su estado emocional. La lectura de los libros recomendados en esta sección puede ayudarle, pero si la depresión ha estado en usted por algún tiempo, hable con un amigo de confianza y vea un consejero profesional cristiano. Pero haga algo. El letargo, subproducto del estado depresivo, causa que nos comportemos de un modo que lo refuerza. Permítame sugerirle lo que recomienda Brenda Poinsett: ella experimentó una severa depresión y escribió al respecto en su libro *Why Do I Feel This Way?* Si usted experimenta cualquiera de los síntomas que ella menciona a continuación, busque por favor a alguien entrenado en ayudar a otros con sus depresiones. Estas sugerencias también se pueden aplicar a los hombres.

Necesitamos ayuda cuando no sabemos qué causó la depresión. La nube negra de la desesperación salió de no sé dónde. La desesperación es negra, profunda y con toda honestidad no podemos entender la causa.

Necesitamos ayuda si tenemos ideas suicidas.

Necesitamos ayuda si tenemos pensamientos ilusorios.

Necesitamos ayuda si no podemos dormir, o si estamos perdiendo mucho peso, o sintiendo un severo malestar físico, y pueda verse afectada nuestra salud.

Necesitamos ayuda si hemos tenido en nuestra vida episodios depresivos repetidos.

Necesitamos ayuda cuando la depresión está lastimando nuestro matrimonio, familia o trabajo.

Definitivamente necesitamos ayuda si nuestra depresión ha permanecido por más de un año.

Una persona que se identifique con una de estas condiciones, necesita buscar ayuda externa para poder vencer su depresión, que es un mal tratable. Mientras no exista una cura simple efectiva para todos, hay una cantidad de tratamientos posibles.[74]

Si un método no lo aparta de la depresión, otro probablemente lo hará. Todo el que la padezca, necesita saber cómo conseguir ayuda y cuál está disponible.

¿Cuándo se necesita terapia?

Hay momentos en los cuales una persona se beneficiará utilizando terapia, medicación o ambas. Si usted experimenta períodos depresivos frecuentemente (a diario o varias veces por semana), permaneciendo los síntomas por un períodos de dos semanas o más y con intensidad, necesitará buscar ayuda por terapia. La tendencia depresiva a aislarse puede inhibirlo de adoptar los pasos necesarios para conseguir ayuda. No retenga su depresión para sí mismo. Permita que otros, bien informados y cuidadosos, que conocen de sus luchas, le ayuden.

En muchos casos, la medicación ha ayudado a quebrar el círculo vicioso de la depresión. No debe temerse o evitarse. He visto cómo ha ayudado a muchas personas. Existen muchos tipos diferentes en la actualidad, incluyendo Prozac, Zoloft, Paxil, Nardil, Parnate, Enovil y muchas otras. Son bajo prescripción médica y deben usarse solamente con supervisión de un médico o un siquiatra. Algunos poseen efectos secundarios definidos, y no es raro que un medicamento sea reemplazado por otro o ajustada su dosis para encontrar la combinación correcta. (Vea el capítulo quince del libro de Brenda Poinsett *Why Do I Feel Depressed?* o el noveno, del libro de Robert Hirschfield *When the Blues Won't Go Away*, para una información adicional acerca de tratamientos médicos.)

Algo más que puede hacer es evaluar sus pensamientos y juicios. Esto es muy importante, porque si su patrón de pensamientos es negativo y usted persiste en efectuar juicios de este tipo acerca de sí mismo, el resultado será depresión.

Primero, reconozca e identifique los pensamientos que se expresa a sí mismo. Cuando ocurre algo y usted siente depresión, necesita darse cuenta que existe más que el suceso externo, detrás de sus sentimientos. Tal vez tuvo un pensamiento o hizo una evaluación negativa de lo sucedido. Esto lo predispone para la depresión.

Segundo, comprenda que muchos de sus pensamientos son automáticos. Son involuntarios. No tiene que pensar en tenerlos, simplemente aparecen. No son el resultado de algo deliberado o razonado. Pero usted puede apartarlos si razona contra ellos.

Tercero, distinga entre ideas y hechos. Solamente por pensar algo no significa que sea verdad. Si usted está deprimida porque considera que a su esposo no le gusta la forma en que se viste o cocina, consulte con él. Puede que usted tenga razón, o no. Si presume algo, siempre intente comprobarlo.

Finalmente, siempre que descubra que un pensamiento en particular no es cierto, establezca con precisión por qué es inexacto o nulo. ¡Este paso es fundamental! Volcar las razones en palabras le ayuda de tres formas: En realidad reduce la cantidad de veces que la idea regresará, disminuye la intensidad de la misma y suaviza el sentimiento o humor que esta genera. Cuanto más contrarreste sus ideas negativas, disminuirá más su depresión.

Pasos positivos que deben darse

Comience sus pasos positivos haciéndose estas tres preguntas:

1. ¿Qué hace mi depresión por mí? ¿Obtengo algo por estar deprimido?

2. ¿He estado bajo cambios o estrés importantes durante algunos meses o años pasados? ¿Cómo fueron? ¿Cómo estoy tratado de adaptarme a ellos?

3. En qué clase de medio me encuentro? ¿Me ayuda para salir de mi depresión o podría deprimirme más?

Luego dé los siguientes pasos adicionales.

1. Observe sus hábitos alimenticios y de descanso y vea si necesitan ser cambiados.

2. ¿Está siguiendo usted su rutina de vida normal o se está retirando a permanecer más en cama, alejarse de los amigos, dejar los platos sin lavar, y evitando actividades normales? ¿Se está separando de sus amigos y familia? Si es así, es importante que se fuerce a continuar en actividad, aunque sea tan difícil como pueda parecer. Recuerde que una persona deprimida comienza a comportarse y a actuar en una forma tal, que estimula la depresión. Debe quebrar el patrón depresivo de su conducta por usted mismo o solicitando ayuda.

3. Si es casada, déjele saber a su cónyuge que está deprimida. Pídale que escuche mientras usted le explica. Si desea que él haga comentarios, déjelo hacerlos, si no lo desea, hágalo partícipe de ello. Si está enojada con él, o con cualquiera, discuta sus sentimientos con esa persona y expóngalos a la luz.

4. Cada día, sola o con la ayuda de otra persona, enumere lo que haría durante el día, de no estar deprimida. Luego que confeccione esa lista en detalle, desarrolle un plan para cumplirla a diario.

Otra forma de desarrollar un patrón de comportamiento positivo es confeccionar una lista extensa (con ayuda si fuera necesario) de eventos placenteros. Luego, seleccione varios para llevarlos a la práctica cada día. Este programa no es una panacea para toda depresión, pero con frecuencia usted puede quebrar el patrón depresivo a través de ello. La mayoría de las personas se sienten mejor cuando realizan actividades placenteras.

También le será útil concentrarse y hacer referencia a las Escrituras. Lea cada mañana estos pasajes, escríbalos en letreros y fíjelos por toda la casa: Salmo 27:1-3; 37:1-7; Isaías 26:3; 40:28-31.

¿Se puede orar para eliminar la depresión? Algunas personas han tratado de hacerlo sin ver cambio alguno. Depende del motivo de la misma. Si el pecado es la causa directa de la depresión, entonces la oración, que incluya confesión, arrepentimiento y la aceptación del perdón puede terminar con su depresión. Pero con demasiada frecuencia la persona deprimida *piensa* que su depresión es causada por un pecado cuando en realidad no lo es. Esto es con frecuencia un reflejo del sentimiento de inutilidad que siente esa persona, el cual viene acompañado por la depresión.

Algunas personas proponen alabar a Dios como una forma de vencer la depresión. Una verdadera alabanza a Dios por lo que Él es y por la fortaleza que Él nos otorga, puede ser una ayuda para manejar nuestra depresión. Sin embargo, esperar a sentirnos así para alabarle, nos va a estorbar, debido a que en un estado depresivo probablemente no nos sentiremos llenos de alabanzas. Nos dará una mejor perspectiva el sentarnos y tomarnos el tiempo y las energías necesarias para hacer una lista de nuestras bendiciones y entonces mencionarlas específicamente a Dios en oración. La mejor forma de hacerlo es con otra persona que no esté deprimida y conozca muy bien su vida.

Volverse más activo

Cuando usted sienta depresión, uno de los mejores remedios es volverse más activo. Cambiar el nivel de nuestra actividad tiene varios beneficios, pero con frecuencia es difícil de lograr. Significa ir en contra de lo que uno está sintiendo. El primer paso es descubrir buenas razones que lo suficientemente convincentes para intentarlo. Segundo, necesita retar los pensamientos e ideas que se opongan a ello.

Incrementar su actividad es una forma definitiva para cambiar su manera de pensar. Cuando hace menos, se evalúa a sí mismo como incapaz, vago e inútil. Una buena razón para volverse más activo es desafiar esas ideas; con el aumento de actividad evidencia que no es así. Se demuestra a sí mismo que puede ponerse en marcha y conquistar algo.

Los estudios efectuados han demostrado que la actividad puede mejorar su humor. Generalmente, cuanto más hace, mejor se siente. También provee una útil desviación de su depresión al distraer su mente de los pensamientos desagradables.

La actividad también va a contrarrestar la fatiga que acompaña a la depresión. Es paradójico que cuando usted esté deprimido necesite hacer más para conseguir energía. Cuando no está deprimido, es reanimado por el descanso y la inactividad. Los estudios realizados demuestran también que la actividad incrementará nuestra motivación. Al completar exitosamente una tarea simple, se motivará a hacer otra. Con la depresión se produce otra paradoja: ¡Tiene que hacer lo que no le agrada antes de sentir que le agrada hacerlo! Esto es extraño, pero cierto. Y este fenómeno no está limitado a un estado depresivo, dado que muchas personas sienten que al hacer algo, sus sentimientos se adaptan a esa conducta.

Al ser activo, usted mismo puede estimular su pensamiento. Así, lo es también su capacidad mental. Se descubren nuevas soluciones para las situaciones que antes no podían resolverse.

Al tornarse más activo, encontrará que otros enfatizan positivamente lo que usted está haciendo. Ya no tendrá que escuchar que le digan que "haga algo".

Lo que sigue a continuación es un registro de actividades para ayudarle a controlarlas. El ejercicio escrito es importante porque cuando está deprimido no recuerda lo positivo tan bien, como lo negativo. El recordar selectivamente está en progreso. Esté consciente de lo que escribe. Usted tenderá a escribir algo negativo, tal como "simplemente no hice nada". Pero quizás el no hacer nada incluya ver televisión y tomar una taza de té. En su lugar, registre esta actividad dado que está haciendo algo. Registre cada hora lo que hace durante una semana. Al lado de la actividad indique cuánta satisfacción sintió, en una escala de 0 a 5 (0 significa nada y 5 mucho).

184

Esta tabulación le puede ayudar a ver qué es lo que le produce placer y satisfacción

LISTA SEMANAL DE ACTIVIDADES

	D	L	M	M	J	V	S
9-10							
10-11							
11-12							
12-1							
1-2							
2-3							
3-4							
4-5							
5-6							
6-7							
7-8							
8-12							

También es importante para usted, programar una lista de lo que quiere hacer. Esto le permitirá, una vez más, tomar control de su vida. Le ayudará asimismo a superar su indecisión, que es una característica común de la depresión. Manteniendo un programa y organizando las actividades tendrá oportunidad de reconocer y contrarrestar los pensamientos de derrota que lo mantienen inmovilizado. Al repasar lo que ya ha conseguido y ver lo planeado para el día siguiente, comenzará a tener una opinión diferente de usted mismo.

Si no cumple con una actividad, simplemente déjelo así y prográmela para otro momento. Si termina una tarea antes, no comience con la siguiente antes de lo establecido. Haga algo que disfrute hasta que llegue ese momento. Programe las actividades a intervalos de media y una hora, y no planifique las que sean demasiado específicas o generales. No muerda más de lo que puede masticar. Disfrutar la actividad a un ritmo agradable, es parte del plan.

Si ha abandonado los quehaceres del hogar, le tomará varias semanas establecer un cierto orden. ¡Este extenso tiempo es apropiado! Divida sus tareas en otras más breves. Gradúelas de fácil a difícil. Haga una lista con los diferentes trabajos que deben hacerse, ya sea limpiar el sótano, el patio, o la sala de estar. Haga una lista con lo que quiere hacer. Limpiar la sala significará recoger todas las revistas, quitar el polvo, pasar la aspiradora, lavar las dos ventanas, quitar los pelos de perro del sofá, etc.

No se sorprenda si está tentada a no cumplir la programación de sus tareas. He aquí algunas técnicas típicas de sabotaje que podrá aplicar de usar en usted misma y algunas formas de contrarrestarlas.

Declaración: "No sé si puedo pensar en algunas actividades para programarlas."

Respuesta: Probablemente tenga problemas pensando en alguna. ¿Por qué no hace una lista con las actividades que debe hacer a diario (tales como comer y vestirse), que le dan placer, y las que le proporcionan una sensación de realización?

Declaración: "Nunca llevé registros ni he sido capaz de trabajar bajo un programa."

Respuesta: Programarse es una habilidad simple que puede ser aprendida. Si le es difícil mantener un programa hora por hora, puede registrar una tarea de ocho a diez; una de diez a doce y otra de una a seis. Este es un buen comienzo.

Declaración: "Tengo muchos problemas para concentrarme. Simplemente no puedo ser constante".

Respuesta: Haga una lista con sus distracciones típicas. Identifíquelas y luego formule por escrito de qué forma rehusará a dejarse distraer por cada una. Quizás necesitará desconectar el televisor, el teléfono, y la computadora de su casa y volver a conectar todo cuando la tarea se haya completado. También es adecuado decirle a alguien que lo está llamando por teléfono que está ocupado y que lo llamará luego.

Suscriba consigo mismo un acuerdo, tal como: "Dedicaré treinta minutos a limpiar la casa y luego leeré *una revista* durante veinte minutos".

Utilice letreros por toda la casa para recordar sus compromisos y programas. Hágalos extravagantes y diferentes para atraer su atención. Cuando comience con una tarea, elija la más simple para tener el éxito casi garantizado.

15

Una vida mejor

¿Puede imaginar que su vida será mejor que antes después de la depresión? Improbable como pudiese parecer, muchas personas experimentaron exactamente este fenómeno. Recuerde el pasaje en el último capítulo de Job (42:12). A través de la depresión, usted puede desarrollar una nueva perspectiva de vida, mayor conciencia de sí mismo y sus capacidades, una nueva forma de ver y relacionarse con los demás, y una relación más profunda con Dios. Este último paso ocurre mientras usted se alimenta de Su Palabra, especialmente con versículos como éstos:

Protégeme, oh Dios, pues en ti me refugio.

Salmo 16:1

Al Señor he puesto continuamente delante de mí; porque está a mi diestra, permaneceré firme.

Salmo 16:8

Tú enciendes mi lámpara, oh Señor; mi Dios que alumbra mis tinieblas.

Salmo 18:28

El Señor es mi luz y mi salvación; ¿a quién temeré? El Señor es la fortaleza de mi vida; ¿de quién tendré temor?

Salmo 27:1

Dios es nuestro refugio y fortaleza, nuestro pronto auxilio en las tribulaciones.

Salmo 46:1

Ten piedad de mí, oh Dios, conforme a tu misericordia; conforme a lo inmenso de tu compasión, borra mis transgresiones.

Salmo 51:1

¿Cómo se siente como persona? ¿Cómo se ve? ¿Es igual a como lo ve Dios? Reflexionando en la Palabra de Dios le será revelada la verdad acerca de lo que es, y quién es Dios, y esta es la base para cambiar su percepción de sí mismo.

Nuestra comprensión de quién es Dios y cómo desea obrar en nuestras vidas, se enriquece cuando comprendemos, que Él se ha comprometido a realizar algo bueno en nosotros. Considere lo que la Palabra de Dios manifiesta acerca de esto: "Ciertamente el bien y la misericordia me seguirán todos los días de mi vida, y en la casa del Señor moraré por largos días". (Salmo 23:6) "Haré con ellos un pacto eterno, por el que no me apartaré de ellos, para hacerles bien... Me regocijaré en ellos haciéndoles bien, y ciertamente los plantaré en esta tierra, con todo mi corazón y con toda mi alma" (Jeremías 32:40,41).

Unos años atrás el coro de nuestra iglesia cantó un himno basado en Sofonías 3:14,17. Nunca había escuchado antes ese canto. Las palabras se imprimieron en el boletín de nuestra iglesia y las he leído muchas veces desde entonces porque me alentaron, inspiraron y recordaron lo que yo significo para Dios:

¡Y el Padre danzará por ti con gozo!
Él se gozará en el que ama.
¿Estoy escuchando un coro cantando alabanzas a Dios?
No, ¡el Señor Dios mismo se exalta cantando sobre ti!
¡Y se gozará sobre ti cantando!
Mi alma se gloría en Dios,
porque Él ha contestado todos mis lamentos.
Su fidelidad para mí es tan segura como el amanecer de
    un nuevo día.
¡Despierta, alma mía, y canta!
¡Que mi espíritu se regocije en Dios!
¡Canta, oh hija de Sion, con todo tu corazón!
¡Arroja de ti el miedo, porque has sido restaurada!
Ponte el vestido de alabanza como en día festivo.
Únete al Padre en un canto de glorioso júbilo.
Dios se regocija sobre ti, cantando! [75]

¿Le dice esto algo respecto a su valor a los ojos de Dios? ¿Le abre de golpe las puertas a la posibilidad de hacer elecciones que le conducirán a confiar y finalmente liberarse de la depresión?

He descubierto que otra ayuda, es leer esta paráfrasis de 1 Corintios 13:4-8 cada día. Hágalo durante un mes, unido a lo que ya está practicando para contrarrestar su depresión, y esto cambiará suave y gradualmente su impresión de sí mismo.

Porque Dios me ama, es lento en perder la paciencia conmigo.
Porque Dios me ama, emplea las circunstancias en forma constructiva, para mi crecimiento.
Porque Dios me ama, no tiene necesidad de impresionarme con lo grande y poderoso que es, porque *Él es Dios,*

no tengo que bajar a la altura de un niño para mostrarme cuán importante Él es.

Porque Dios me ama, está disponible para mí. Él desea verme maduro y desarrollado en su amor.

Porque Dios me ama, no envía su ira por cada pequeño error que cometo, y no son pocos.

Porque Dios me ama, no lleva la cuenta de todos mis pecados y me los hace notar cada vez que hay una oportunidad.

Porque Dios me ama, está profundamente dolido cuando no transito por los caminos que le agradan, y lo ve como evidencia de mi falta de confianza en Él y de no amarlo como debería.

Porque me ama, se regocija cuando experimento su poder, su fuerza y me levanto bajo las presiones de la vida por amor a su Nombre.

Porque Dios me ama, continúa obrando pacientemente en mí, aun cuando siento que voy a claudicar y no veo por qué, Él no claudica también.

Porque Dios me ama, nunca dice que no hay esperanzas para mí; en su lugar obra en mí pacientemente, me ama y disciplina en tal forma que me es difícil comprender la profundidad de su interés por mí.

Porque Dios me ama, nunca me abandona, aun cuando muchos de mis amigos lo hacen.

Porque Dios me ama, está conmigo cuando he alcanzado el fondo de mi desesperación, cuando veo la realidad de lo que soy y la comparo con su rectitud, santidad, belleza y amor. En un momento como este es que puedo creer realmente que Dios me ama.

Sí, ¡el regalo más grande es el perfecto amor de Dios![76]

℀otas

NOTA PARA LA EDICIÓN EN ESPAÑOL: Esta bibliografía se incluye para el uso de aquellos que pueden leer el inglés, idioma en que originalmente fue escrita esta obra, y para dar crédito a las fuentes de las cuales se valió el autor para información o apoyo. Se ha dejado sin traducir porque casi todas las obras citadas existen solo en el idioma inglés.

1. James R. Beck y David T. Moore, *Helping Worriers* (Grand Rapids: Baker Books, 1994), p. 26.
2. Fuente original desconocida.
3. John Haggai, *How to Win Over Worry* (Eugene, OR: Harvest House Publishers, 1987), pp. 16-17.
4. Edward M Hallowell, *Worry* (New York: Pantheon Books, 1997), p. 73, adaptado.
5. Ibid., p. 9, adaptado.
6. Beck y Moore, *Helping*, pp. 31-33, adaptado.
7. Hallowell, *Worry*, p. 5, adaptado.
8. O. Quentin Hyder, *The Christian's Handbook of Psychiatry* (Old Tappan, NJ: Fleming H. Revell, 1971).
9. Earl Lee, *Recycle for Living* (Ventura, CA: Regal Books, 1973), p. 4.
10. Samuel H. Kraines y Eloise S. Thetford, *Help for the Depressed* (Springfield, IL: Charles C. Thomas, 1979), pp. 190-91.

11. Hallowell, *Worry*, p. 67.

12. Ibid., pp. 56-65, adaptado.

13. Lucinda Bassett, *From Panic to Power* (New York: Harper Collins, 1995), pp. 32-33, adaptado.

14. Ibid., pp. 70-80, adaptado.

15. Ibid., pp. 156-157, adaptado.

16. Beck y Moore, *Helping*, pp. 19-20, adaptado.

17. Hallowell, *Worry*, p. 39, adaptado.

18. Elizabeth Skoglund, *To Anger with Love* (New York: Harper & Row, 1977), p. 32.

19. Dennis y Matthew Linn, *Healing Life's Hurts* (New York: Paulist Press, 1978), pp. 102-03, adaptado.

20. Para un debate de estos y otros estudios relacionados, ver Matthew Mckay, Peter D. Rogers, y Judith Mckay, *When Anger Hurts* (Oakland, CA: New Harbinger Publications, 1989), pp. 23-32, adaptado; y Redford Williams, *The Trusting Heart* (New York Time: 1989), pp. 49-71, adaptado.

21. Joseph Cook, *Celebration of Grace* (Grand Rapids: Zondervan, 1991) N.P. Publicado previamente como *Free for the Taking* (Revell, 1975), pp. 109-110.

22. Elizabeth Skoglund, *Anger*, pp. 78-79, adaptado.

23. Gary Hawkins con Carol Hawkins, *Prescription for Anger* (New York: Warner Books, 1988), pp. 45-51, adaptado.

24. Ver nota al pie 3 de la página 125 de *How to Frustration-Proof Your Communication*.

25. Hawkins y Hawkins, *Prescription*, pp. 196-98, adaptado.

26. H. Norman Wright, *So You're Getting Married* (Ventura, CA: Regal Books, 1987), p. 130.

27. Aaron T. Beck, *Love Is Never Enough* (New York: Harper & Row, 1988); idea adaptada de pp. 270-74 y comunicación experimentada por varios años de consejería con parejas.

28. Ibid. pp. 274-76, adaptado.

29. David Viscott, *I Love You, Let's Work It Out* (New York: Simon & Schuster, 1987), pp. 177-78, adaptado.

30. Mark P. Cosgrove, *Counseling for Anger* (Dallas: Word, 1988), p. 120, adaptado.

31. Lewis Smedes, *Forgive and Forget* (New York: Harper & Row, 1989), p. 37.

32. H. Norman Wright, *Making Peace with Your Past* (Grand Rapids: Baker/Revell, 1985), pp.66-69, adaptado.

33. Richard P. Walters, *Anger, Yours and Mine and What to Do About It* (Grand Rapids: Zondervan Publishing House, 1981), pp. 150-51.

34. Judson Edwards, *Regaining Control Of Your Life* (Minneapolis: Bethany House Publishers, 1989), pp.15-16.

35. Georgia Witkin-Lanoil, *The Female Stress Syndrome: How to Recognize and Live With It*, 2nd ed. (New York: New Market, 1991), pp. 16-17, adaptado.

36. Sheila West, *Beyond Chaos: Stress Relief for the Working Woman* (Colorado Springs: NavPress, 1992), p. 104, adaptado.

37. Ibid., pp. 106-07.

38. Witkin-Lanoil, *Female Stress*, pp. 118-19, adaptado.

39. Ibid., pp.125-26.

40. Ibid., pp. 118-21.

41. American Psychological Association National Task Force on Women and Depression, Women and Depression; Risk Factor and Treatment Issues" (Washington D.C.: The American Psychological Association, 1990); como se cita en Witkin-Lanoil, *Female Stress*, p. 122.

42. *Keri Report*, "The State of American Women Today" (Bristol-Meyer, 1991).

43. L. Dotto, *Losing Sleep* (New York: William-Morrow, 1990).

44. Adaptado de A.T. Oafexis, "Drowsy America," en *Time*, diciembre 1990, p. 78.

45. Ellen McGraw, *When Feeling Bad is Good* (New York: Henry Holt & Co, 1992), p. 206, adaptado.

46. Adaptado de *Keri Report*, pp. 132-33.

47. Ibid., p. 91.

48. Ibid., p. 102.

49. Gary J. Oliver y H. Norman Wright, *Good Women Get Angry* (Ann Arbor, MI: Servant Publications, 1995), pp. 124-31, adaptado.

50. Lloyd John Ogilvie, *God's Best for My Life* (Eugene, OR: Harvest House, 1981), febrero 3.

51. Sugerencias adaptadas de Archibald Hart, *Preventing Burnout and Stress* (Fuller Seminary Alumni Report, marzo 1984), p. 20.

52. Richard F. Berg, C.S.C. y Christine McCartney, *Depression and the Integrated Life* (New York: Alba House, 1981), pp. 34, 35, adaptado.

53. Julia Thorne con Larry Rothstein, *You Are Not Alone* (New York: Harper Collins, 1992), p. 129.

54. Brenda Poinsett, *Why Do I Feel This Way?* (Colorado Springs: NavPress, 1996), pp. 36, 37, adaptado.

55. McGraw, *Feeling Bad*, pp. 22-25, adaptado.

56. Poinsett, *Feel*, p. 17, adaptado.

57. McGraw, *Feeling Bad*, p. 17, adaptado.

58. Maggie Scarf, *Unfinished Business: Pressure Points in the Life of Women* (New York: Doubleday, 1985), pp. 86-87.

59. Poinsett, *Feel*, pp. 98, 99, adaptado.

60. Ibid., pp. 82-83

61. Ibid., pp. 86-87, adaptado

62. Ibid., p. 44.

63. McGraw, *Feeling Bad*, pp. 34-39, adaptado.

64. Ibid., p. 46.

65. Ellen McGraw, y demás., *Women and Depression: Risk Factor and Treatment Issues* (Washington D.C.: American Psychological Association, 1990), p. 2, adaptado.

66. D. F. Papolos y J. Papolos, *Overcoming Depression* (New York: Harper & Row, 1988), p. 47, adaptado.

67. M. Goed, *The Good News About Depression* (New York: Bantam, 1986), pp. 195-203, adaptado.

68. McGraw, *Feeling Bad*, pp. 75-86, adaptado.

69. Ibid., pp. 154-78, adaptado.

70. Ibid., p. 223, adaptado.

71. Terrence Real, *I Don't Want to Talk About It* (New York: Scribner, 1997), pp. 40-41, adaptado.

72. Ibid., p. 148, adaptado.

73. Poinsett, *Feel*, pp. 115-17, adaptado.

74. Ibid., pp. 131-32.

75. "And the Father Will Dance." Canto adaptado de Sofonías 3: 14,17 y Salmo 54: 2,4. Arreglos por Mark Hayes.

76. Dick Dickinson, INTERFACE *Psychological Services* (Fullerton, CA).